PANÉGYRIQUE

DE

SAINT VINCENT DE PAUL,

INSTITUTEUR DES PRÊTRES DE LA MISSION

ET DES FILLES DE LA CHARITÉ,

suivi

De Notices concernant plusieurs personnages, dont il est question dans ce discours, et spécialement d'une Notice Biographique assez étendue sur M. VERGUIN, ancien Supérieur des grands Séminaires de Chartres & de Versailles.

Dédié à Monseigneur

CLAUDE-HIPPOLYTE CLAUSEL DE MONTALS,

ANCIEN ÉVÊQUE DE CHARTRES,

Par M. l'Abbé BRIÈRE, Curé de la Cathédrale de Chartres.

CHARTRES.

GARNIER, IMPRIMEUR-LIBRAIRE DE Mgr L'ÉVÊQUE,

Place des Halles, 16 et 17.

1855.

PANÉGYRIQUE

DE

SAINT VINCENT DE PAUL.

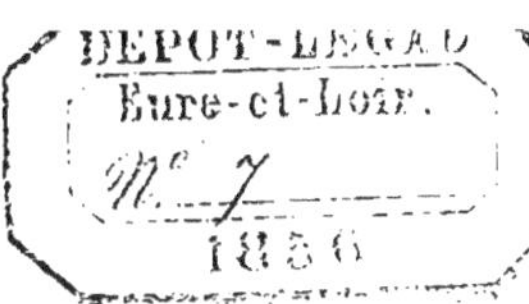

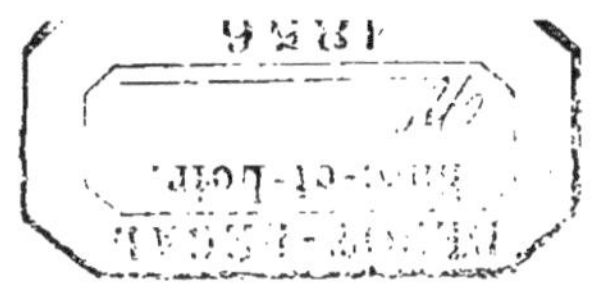

PANÉGYRIQUE

DE

SAINT VINCENT DE PAUL,

INSTITUTEUR DES PRÊTRES DE LA MISSION

ET DES FILLES DE LA CHARITÉ,

suivi

DE NOTICES CONCERNANT PLUSIEURS PERSONNAGES, DONT IL EST QUESTION DANS CE DISCOURS, ET SPÉCIALEMENT D'UNE NOTICE BIOGRAPHIQUE ASSEZ ÉTENDUE SUR M. VERGUIN, ANCIEN SUPÉRIEUR DES GRANDS SÉMINAIRES DE CHARTRES ET DE VERSAILLES,

Dédié à Monseigneur

CLAUDE-HIPPOLYTE CLAUSEL DE MONTALS,

ANCIEN ÉVÊQUE DE CHARTRES,

Par M. l'Abbé BRIÈRE, Curé de la Cathédrale de Chartres.

CHARTRES.

GARNIER, IMPRIMEUR-LIBRAIRE DE Mgr L'ÉVÊQUE,

Place des Halles, 16 et 17

1855.

A SA GRANDEUR

MONSEIGNEUR

CLAUDE-HIPPOLYTE CLAUSEL DE MONTALS,

ANCIEN ÉVÊQUE DE CHARTRES.

MONSEIGNEUR,

Un mot sorti de votre plume, à l'occasion d'une petite publication récente (*); un de ces mots qui retentissent jusqu'au fond du cœur, et dont on s'énorgueillirait, si on ne faisait la part de votre bienveillance paternelle; ce mot m'a enhardi, non seulement à livrer à l'impression un panégyrique de saint Vincent de Paul, dont vous avez daigné entendre la lecture, mais encore à vous prier d'en

(*) Éloge de M. l'Abbé A.-F. Beulé.

agréer la dédicace. En acceptant ce faible hommage, vous avez comblé mes vœux. Depuis longtemps je désirais de rendre publics mes sentiments d'admiration pour l'un des plus grands évêques de notre époque, de ma piété filiale et de ma tendre vénération pour le père bien-aimé qui m'a prodigué tant de marques d'affection et d'indulgente estime; j'en trouve ici l'occasion naturelle, et je la saisis avec empressement et bonheur. Puisse le ciel, Monseigneur, écouter les vœux ardents que je forme, que nous formons tous, pour obtenir qu'il conserve à l'Eglise, le pontife qui fait son orgueil, au peuple Chartrain, le saint vieillard qui fait ses délices, et dans lequel il retrouve, sans altération, sous la magnifique couronne de ses cheveux blancs, les grâces de l'esprit, la vivacité du cœur, et les trésors de son inépuisable mémoire !

J'ai l'honneur d'être avec le respect le plus profond et le plus filial,

Monseigneur,

DE VOTRE GRANDEUR

Le très-humble, très-obéissant et très-dévoué serviteur,

BRIÈRE, Curé de la Cathédrale.

Chartres, ce 13 Août, Fête de saint Hippolyte, 1855.

PRÉFACE.

Que nous ayons eu la témérité de faire un panégyrique de saint Vincent de Paul, on se l'expliquera assez aisément, par la raison que nous alléguons, dans l'exorde de ce discours, et sans doute on nous le pardonnera. Mais que nous présumions de publier notre humble ouvrage, après tant d'autres du même genre, dont s'est déjà enrichie la littérature sacrée, c'est ce qui étonnera davantage, et nous craignons bien qu'on y trouve beaucoup à redire.

On se demandera si nous avons assez d'amour-propre pour nous persuader que nous l'emporterons sur des devanciers aussi illustres que ceux qui nous ont précédé dans la même carrière, et si nous prétendons qu'on puisse prendre quelque goût à nos pages incolores, après qu'on a lu ce qu'ont écrit sur le même sujet les orateurs les plus éminents, les Maury, les de Boulogne, par exemple.

Nous n'avons garde, assurément, d'entrer en lice avec de semblables athlètes, et nous ne sommes pas assez dépourvu de bon sens pour nous donner le ridicule d'une émulation si insensée. La question du talent n'est ici pour rien, et nous nous livrons volontiers, sous ce rapport, à toute la sévérité de nos censeurs. Mais nous avouerons ingénuement que nous croyons avoir présenté sur saint Vincent de Paul des considérations qui n'ont été, jusqu'à ce jour, qu'assez légèrement effleurées. On nous a dit, sous toutes les formes, et avec les accents de la plus brillante éloquence, ce que le père des pauvres et des infortunés a fait pour remédier à leurs maux temporels et physiques ; mais on nous a trop peu parlé de sa sollicitude pour les âmes, du soin principal qu'il a pris pour les soulager et les guérir. Avec des traits de feu, on nous a peint le héros, le bienfaiteur de l'humanité ; mais on a trop négligé, ce nous semble, de nous montrer le prêtre, l'apôtre de la Religion. C'est cette grande lacune que, dans notre faiblesse, nous avons essayé de combler ; c'est cette omission capitale que nous avons voulu réparer, sans oublier toutefois l'autre aspect d'une si belle matière.

Des juges, trop bienveillants sans doute, mais en qui, nous devons l'avouer, nous reconnaissons autant de sûreté de goût que d'indépendance à exprimer leur pensée, nous ont encouragé à mettre au jour notre travail, nous assurant qu'il contribuerait à faire mieux connaître saint Vincent de Paul. Nous les avons écoutés.

Si quelques-uns de ces hommes généreux qui, d'un bout de la France à l'autre, se sont associés, sous les auspices de saint Vincent de Paul, pour secourir l'humanité indigente et souffrante, comprenaient mieux, après nous avoir lu, qu'ils doivent joindre constamment l'aumône spirituelle à l'aumône corporelle, et qu'ils peuvent faire un bien infiniment plus méritoire en éclairant les intelligences et en gravant la Religion dans les cœurs, qu'en apaisant la faim et en pansant les blessures, ce serait certes un résultat dont nous bénirions vivement la Providence, et qui nous paierait amplement de notre labeur.

PANÉGYRIQUE

DE

SAINT VINCENT DE PAUL.

Flebam super eo qui afflictus erat, et compatiebatur anima mea pauperi.

Je pleurais sur celui qui était affligé, et mon âme compatissait au pauvre.

Job. ch. 30.

Le plus grand des orateurs chrétiens, et peut-être des orateurs du monde entier, Bossuet, en commençant l'éloge funèbre du premier guerrier de son siècle, ne faisait pas difficulté de convenir « qu'il se sentait également confondu » et par la grandeur du sujet...... et par l'inutilité du » travail. » (*)

Ce langage, Mes Frères, la modestie toute seule l'inspirait évidemment à un homme qui domina toujours de si haut, par la puissance de son génie, les matières qu'il eut à traiter, et quelque renommée que se soit acquise l'illustre Condé par ses exploits immortels, il est certes permis de douter que sa réputation ne doive pas quelque

(*) Oraison funèbre du prince de Condé.

chose au sublime discours que l'amitié, l'éloquence et la religion en deuil prononcèrent jadis sur sa tombe.

C'est dans ma bouche que les paroles de l'évêque de Meaux seraient bien mieux placées; c'est moi qui devrais m'effrayer, à la vue de la carrière immense et difficile dans laquelle je m'engage, et, en même temps, me plaindre de la stérilité trop certaine des efforts auxquels je viens me livrer devant vous.

Le héros que j'entreprends de célébrer aujourd'hui ne fut ni un preneur de villes, ni un gagneur de batailles. Simple Prêtre, né dans une condition obscure, il n'eut en partage ni les dignités, ni les richesses, ni rien de ce qui brille aux yeux des mortels et de ce qui captive ordinairement leurs suffrages. Et cependant que de merveilles dans le cours de sa vie ! que de titres à la louange des hommes ! Comment réunir, dans un étroit tableau, les traits infinis, prodigieux et divers, qui doivent s'y rencontrer et composer la grande figure qu'il me faut présenter à vos yeux ? Vincent de Paul fut tour-à-tour le guide et le précepteur de l'enfance, le pasteur des peuples et le directeur des âmes, le prédicateur zélé de la divine parole, le législateur des prêtres et des vierges chrétiennes, le conseil et le consolateur des rois, le réformateur de la discipline ecclésiastique, le père, l'appui, la seconde providence des infortunés de tout genre. Éclatant soleil de justice ! j'ose à peine arrêter mes regards sur tant de rayons de gloire, et ma faible vue s'éblouit à l'aspect de tant de splendeur et de magnificence.

Une vertu si haute, et qui produisait des œuvres si

grandes, n'avait pas besoin du secours de l'éloquence humaine pour s'attirer l'estime et les respects de la terre, pour exciter cette admiration presque unique dont elle a été le constant objet. La religion ne lui décernait pas encore, dans ses temples, des hommages publics et solennels, que déjà la France, l'Europe, et le monde chrétien, pour ainsi dire, tout entier, la préconisaient à l'envi. L'hérétique lui-même ne pouvait s'empêcher de se joindre à ces applaudissements unanimes, et par un privilège auquel peu de saints ont eu part, on a vu, depuis, jusqu'au mécréant furibond pardonner presque à Vincent de Paul son caractère sacerdotal, en faveur des extraordinaires services qu'il a rendus à l'humanité.

Toutefois, chez une nation qui s'est toujours distinguée par la reconnaissance qu'elle a prodiguée à ses grands hommes, il ne pouvait manquer de trouver des panégyristes celui qui fut un des plus beaux ornements de notre Église gallicane, celui qui a jeté sur le nom français un lustre préférable, sans aucun doute, à tout l'éclat que lui ont jamais acquis nos guerriers, nos écrivains, nos magistrats les plus célèbres. Aussi, dans ces derniers temps, les orateurs les plus habiles se sont-ils rendus les dignes interprètes de la vénération et de la gratitude publique, et leurs chefs-d'œuvre ont mis le dernier sceau à une réputation qui ne peut plus désormais s'accroître.

De quoi servira-t-il donc, M. F., que je vienne me présenter à la suite de ces maîtres de l'art, et que je traîne péniblement sur leurs traces savantes, mes pas incertains et tremblants? Ah! je l'avoue, cette considération aurait dû m'arrêter tout court, et peu s'en est fallu, en effet, que, jointe à d'autres motifs, elle ne m'ait réduit à un prudent silence. Mais des sollicitations pressantes, et d'ailleurs bien légitimes, ont eu sur ma volonté un empire auquel il m'a été impossible de ne pas céder. Le moyen de refuser à des filles respectueuses et tendres (*) de les entretenir de leur père bien-aimé, au jour si beau pour elles, que l'Église consacre, chaque année, à son triomphe? Cette fête leur paraîtrait incomplète et triste si quelque voix, n'importe laquelle, ne leur rappelait les actions d'une vie qu'elle n'ont jamais assez méditée; si quelque pinceau, toujours assez habile pourvu qu'il soit ami, ne leur retraçait une image chérie, qu'elles contemplent avec une avidité qui ne se peut satisfaire. Voilà l'excuse de ma témérité. A Dieu ne plaise que, par un refus obstiné, j'afflige des cœurs qu'il est si juste de réjouir; que je cause de l'amertume à celles qui ne vivent que pour procurer à autrui de la consolation! Je ne balance donc plus et je me mets à l'œuvre.

La compassion pour les malheureux fut le caractère particulier de Vincent de Paul; « pleurer sur les infor-
» tunes de quiconque versait des larmes, s'attendrir sur
» l'indigence et les nécessités du pauvre, ce fut la leçon
» qu'il apprit avant toutes les autres : *flebam super eo*
» *qui afflictus erat, et compatiebatur anima mea pau-*

(*) Mesdames les Filles de la Charité de l'Hôtel-Dieu de Chartres.

» *peri.* (*) » De là découlèrent, en quelque sorte, toutes ses vertus, et tel fut le principe fécond de ces actes innombrables de charité magnanime dont il remplit tous les instants de sa longue et infatigable existence. Mais ne croyez pas, chrétiens, qu'il ne connût qu'une seule espèce de misère, et que la détresse corporelle excitât exclusivement la sensibilité de son cœur. Prêtre de Jésus-Christ, il avait appris, à l'école de son maître, que « l'homme ne vit pas seulement de pain, (**) » et qu'il est des besoins plus pressants et plus essentiels à apaiser que ceux même de la nature. C'est pourquoi il mettait à la tête de tous les autres le soin des âmes, de ces nobles intelligences, portion la plus précieuse de nous-même. Les entrailles de Vincent de Paul embrassèrent toujours, à la fois, les deux sortes de maux qui pèsent ici-bas sur notre espèce, et il se montra constamment aussi fidèle à soutenir et à propager la religion, source de vie et de bonheur moral, que généreux à procurer des soulagements à l'humanité qu'affligent tant de douleurs et de tribulations physiques. Nous le considérerons, chrétiens, sous l'un et l'autre de ces deux points de vue, et nous entrerons en matière, protégé par cette indulgence bienveillante que vous ne refusez à personne, mais à laquelle nous osons croire que nous avons, comme pasteur, un droit encore plus spécial.

Ave Maria, etc.

(*) Job. ch. xxx, v. 25. — (**) Saint Matth. ch. iv, v. 4.

Lorsque Vincent de Paul entra dans la vie (*), le seizième siècle touchait à sa fin, et devait bientôt céder la place à ce siècle fameux qui porta notre patrie au premier rang de toutes les nations de l'univers. Dieu qui dispose les choses de loin, et dont les desseins mystérieux ne se développent que par degrés et d'une manière insensible, Dieu faisait naître, à peu près dans le même temps, ces hommes d'élite et en quelque sorte créateurs, qu'il avait destinés à préparer les merveilles du plus beau règne de la monarchie. Leur mission était de débarrasser des langes de l'enfance, où ils languissaient parmi nous, les beaux arts, la politique, la science militaire, l'éloquence et les lettres, que des mains, si non plus habiles, du moins plus heureuses, parce qu'elles vinrent plus à propos, devaient cultiver après eux, et conduire enfin à la dernière perfection. Au milieu de ces soins, d'un ordre moins relevé, mais qu'elle sait faire concourir, par de secrètes voies, à la sanctification des élus, la Providence n'oubliait pas l'Eglise sur laquelle sont tournés sans cesse ses regards de prédilection. L'honneur du clergé français lui était cher, et si elle ne suscitait pas encore ces immortels génies, les Bossuet, les Bourdaloue, les Fénélon, et tant d'autres dont nos annales profanes ne s'énorgueillissent guère moins que nos annales sacrées, elle préludait à ces jours glorieux, en multipliant, au sein de la tribu sacerdotale, les personnages propres par la sainteté de leurs

(*) En 1576.

mœurs, et par leur vif amour de l'étude, des règles antiques et de toutes les vertus cléricales, à guérir les plaies du sanctuaire, à ranimer la foi des peuples, et à renouveler la face du champ du père de famille. On vit alors paraître presque à la fois, les Bérulle (1), les François de Sales (celui-ci la France le revendique à plus d'un titre, quoiqu'il soit né dans une contrée voisine), les Condren (2), les Ollier (3), les Bourdoise (4), et ce Vincent de Paul, que ses œuvres et l'opinion générale semblent placer au-dessus de tous les autres.

Ce n'est pas au sein des richesses que le père des pauvres devait trouver un berceau. Une médiocrité, qui touchait de près à l'indigence, prépara mieux son cœur à remplir la vocation qu'il avait reçue du ciel. Ses plus tendres années connurent les privations, les travaux, les fatigues. Faible enfant il porta la houlette, et comme le prophète-royal, « Dieu alla le prendre à la suite des troupeaux de son père, » pour l'établir pasteur de son serviteur Jacob, pour lui » confier la direction d'Israël, son héritage. (*) » La pauvreté n'empêcha pas néanmoins que Vincent de Paul ne reçût de parents profondément vertueux une éducation vraiment chrétienne. Ce fut là sans doute le plus grand bonheur de sa vie. Les impressions de l'enfance sont ineffaçables; c'est la main maternelle qui, en guidant nos premiers pas, décide ordinairement de la carrière que nous suivons ensuite, jusqu'au terme. De saints et austères reli-

(*) Ps. LXXVII, v. 70 et 71.

gieux furent chargés de développer dans ce jeune cœur les germes de piété qui y avaient été répandus. Ils initièrent aussi Vincent de Paul à la connaissance des lettres. Ses progrès furent rapides. Bientôt il se créa lui-même les moyens de se livrer à de plus hautes études. La science difficile qui prépare au sacerdoce, cette science qui nous révèle, et les mystères de Dieu, et les principes sacrés de la morale du Sauveur, devint l'objet de son application. Avec quels efforts chercha-t-il à l'approfondir ! Il sentait dès lors qu'un ministre de la Religion ne peut rendre ses augustes fonctions utiles à ses frères, si la doctrine ne relève en lui la pureté et l'innocence de la conduite. Arriva ce moment décisif, que l'humilité jointe à l'amour, redoute et désire tout ensemble, ce jour, où notre jeune saint, consacré déjà par des engagements irrévocables au ministère des autels, se vit élevé dans la maison du Seigneur, au rang sublime de dispensateur des divins mystères. Quelle fut alors l'ardeur de ses dispositions et de ses sentiments, la suite de sa vie l'a prouvé. Et cependant, qui pourra le croire ? lorsque déjà parvenu à la vieillesse et blanchi sous des travaux excessifs, cet homme de Dieu pouvait, en tournant ses regards en arrière, compter ses jours par les services immenses qu'il avait rendus à Jésus-Christ et à ses semblables, peu s'en fallait qu'il n'éprouvât des regrets amers de s'être engagé dans une route qu'il avait pourtant si heureusement parcourue, et il ne craignait pas de dire, que s'il était encore à offrir ses mains à l'onction sainte, peut-être n'aurait-il pas le courage de les y présenter ; tant était grande l'idée qu'il s'était faite des devoirs et de la dignité d'un prêtre !

L'homme est merveilleusement empressé dans ses œuvres. Être fragile, il craint que le temps ne lui échappe; jamais, à son gré, ses entreprises ne vont assez vîte à leur dénouement. Il n'en est pas ainsi de Dieu. Eternel et sûr de lui-même, il sait que les jours, les années et les siècles sont dans sa dépendance. C'est pourquoi il ne se hâte qu'avec une sage lenteur, et dans l'ordre de la nature, comme dans celui de la grâce, il aime à n'arriver à ses fins adorables qu'à travers mille détours et par des sinuosités sans nombre. Quelle tâche il avait réservée à Vincent de Paul ! Quels desseins il avait formés sur lui ! Il ne semble pas cependant en poursuivre vivement l'exécution ; son heure tarde et n'est pas encore venue. C'est que le cœur de son ministre n'est pas suffisamment préparé. Quoi donc ! cette modestie, indice de sa pudeur, qui reluit sur son visage, cette piété fervente qui éclate dans toutes ses actions, cet amour de ses frères qui se décèle à tous les instants, cette science solide qu'il possède, après tant de veilles pour l'acquérir, tout cela n'offre-t-il pas l'ensemble complet des qualités nécessaires à un digne serviteur des autels ? Il lui manque quelque chose, M. F.; il n'a pas été assez éprouvé par le malheur. Entendez-vous l'Apôtre qui nous représente Jésus-Christ lui-même s'instruisant, à l'école de la tribulation, de l'obéissance qu'il doit à son père ? « *Didicit ex » iis quæ passus est obedientiam.* (*) » Pour devenir un

(*) Epit. aux Hébr., ch. v, v. 10.

pontife miséricordieux et fidèle, ne fallut-il pas que ce sauveur de nos âmes partageât toutes les peines des fils d'Adam, dont il s'était fait le frère? « *Undè debuit per » omnia fratribus similari, ut misericors fieret et fidelis » pontifex.* » (*) Et n'est-ce pas précisément de ses souffrances et de ses tentations personnelles qu'il a tiré le pouvoir efficace de secourir ceux qui seraient tentés? « *In eo » enim in quo passus est ipse et tentatus, potens est et eis » qui tentantur auxiliari.* » (**) Ah! qu'on est dur envers autrui, quand on n'a pas soi-même versé des larmes! L'art de consoler ne s'apprend pas dans les livres; le meilleur maître en ce genre, c'est l'adversité. Vincent de Paul devra donc subir ses austères leçons, et il entre dans la destinée de l'homme qui doit soulager un jour tant de misères, de boire auparavant à la coupe de tous les maux.

Admis récemment au sacerdoce, des peines spirituelles et intérieures, qu'il n'avait point jusqu'alors éprouvées, ne tardèrent pas à l'assaillir et à le tourmenter de leurs anxiétés les plus cruelles. Cette sorte d'affliction si cuisante et si douloureuse, le monde ne la connaît pas, M. F., Dieu la réserve aux âmes d'élite, qu'il veut élever à la perfection de son amour. C'est un creuset rigoureux dans lequel il les affine comme l'or et les délivre de tout alliage; mais si elles en sortent dignes de ses regards et de la haute fortune à laquelle il les a appelées, le moment de l'épreuve est terrible, et quiconque a passé par ce feu purifiant et jaloux,

(*) Épit. aux Hébr., ch. v., v. 17. — (**) La même, v. 18.

ne peut penser, sans frémir, à son activité dévorante. Tantôt ce sont de profondes terreurs inspirées par le souvenir de nos infidélités anciennes, l'incertitude des jugements de Dieu, la sévérité inexorable de sa justice, l'attente formidable de sa venue et de la sentence qui décidera, sans appel, de notre sort à venir. Tantôt ce sont de désolantes inquiétudes sur les dispositions secrètes avec lesquelles on a jadis déposé l'aveu de ses fautes dans le sacré tribunal de la pénitence : on ne peut plus se rendre compte de rien, ni de sa sincérité, quoiqu'elle ait été excessive, ni de son repentir, quoique le ciel l'ait agréé et qu'un entier changement de vie en démontre la réalité manifeste. D'autres fois, c'est un dégoût affreux de la religion et de ses pratiques les plus saintes : la prière fatigue et rebute ; nul sentiment lorsqu'on s'y livre, d'éternelles divagations d'esprit ; il semble qu'on haïsse le Dieu qu'on voudrait aimer, et peu s'en faut qu'on ne se soulève contre lui et qu'on ne le blasphème. Des tentations encore plus abhorrées viendront même souvent mêler leurs attaques à tant de sujets d'angoisse. L'innocence est alarmée par d'exécrables fantômes qui saisissent tellement l'imagination, qu'on les croit maîtres de la volonté ; le désespoir cherche à bannir du cœur la douce confiance qui n'en doit jamais sortir ; la foi elle-même paraît ébranlée et chancelante, et ces lumières si vives qui ôtaient presque à l'intelligence le mérite de la soumission, vont comme s'anéantir dans un océan de doutes et de difficultés spécieuses. O Dieu, parmi tant de périls et d'écueils, la croyance et la vertu ne feront-elles pas un inévitable naufrage? Non, non, M. F.; une invisible main prête un puissant secours, au milieu de ces défaillances : « *Cùm infirmor tunc potens sum;* (*) » et le cœur attentif et fidèle, bien que battu par la tempête, trouve un accroissement de mérites dans les assauts mêmes qui devaient procurer sa perte. Longtemps en proie à ces étranges et crucifiantes tribulations, Vincent de Paul put bien comme le grand Apôtre, se plaindre amoureusement au Seigneur de l'acharnement de ses ennemis, gémir de la pesanteur de son corps mortel, désirer vivement la délivrance de ses maux, préférer le trépas aux dangers pressants qui l'environnaient de toute part; mais il ne cessa point d'opposer aux illusions de ses sens et à la malice du tentateur la résistance invincible de son libre arbitre. Par là, il demeura intact au milieu des ardeurs de la fournaise embrasée, et sortit victorieux de tous les combats qu'il eut à soutenir.

Mais, ô juste chéri du ciel, d'autres adversités d'un genre bien différent, planent sur votre tête et vont fondre sur vous. Quelle prévoyance humaine aurait pu vous les annoncer d'avance? Hélas! en fut-il jamais de plus inattendues? Courage néanmoins; « elles ne sont pas à la mort, (**) » vous ne périrez pas sous leurs coups. Par un long circuit de douleurs, elles vous ramèneront au but dont elles ne vous écartent qu'en apparence.

(*) IIe Épit. aux Corinth., ch. XII, v. 10.

(**) Év. de saint Jean, ch. II, v. 4.

et dont vous leur présentez la vive et vénérable image. Aussi, pour la plupart, de quel juste retour, vous usez envers vos célestes bienfaitrices ! Conduit souvent au chevet de vos lits par des devoirs sacrés (*), mille fois, au milieu de vos dernières confidences, j'ai reçu l'expression de la gratitude profonde que vous emportiez pour elles dans le tombeau, et j'ai lu, j'ai lu ces mots gravés sur les murailles, par la main de nos guerriers reconnaissants : « Respect, » honneur éternel aux anges de Charité, qui ont cicatrisé » nos blessures, et ranimé dans nos veines un sang que » nous offrons de nouveau à la patrie. »

L'humanité, M. F., réclamait à grands cris, le permanent séjour de Vincent sur la terre. Les cœurs qui se dévouent à son bonheur sont si rares ! et tant de larmes à essuyer coulent incessamment de ses yeux ! Mais il était temps que le juste Juge décernât une couronne que soixante ans de travaux glorieux avaient surabondamment méritée. Après une vie de près d'un siècle, plus rempli de bonnes œuvres encore que de jours, tranquille au milieu des douleurs de la mort, et n'abandonnant le combat qu'au moment d'être ceint des lauriers de la victoire, le grand Vincent de Paul laissa échapper son âme et s'envola dans le sein de la Divinité.

Ici, chrétiens, les réflexions abondent et je me sens vivement pressé par l'envie de comparer le héros de la charité

(*) L'auteur a desservi, pendant dix ans, en qualité de chapelain, l'Hôtel-Dieu de Nogent-le-Rotrou.

*

chrétienne, au héros prétendu de la bienfaisance philosophique. Mais non, point de parallèle qui ressemble à une contestation ! Que les louanges de notre saint ne soient pas même troublées par l'apparence de la dispute ! Les faits parlent si haut, leur langage est si magnifique, qu'auprès d'eux, nos faibles paroles ne pourraient que languir. Ah ! plutôt tournons, en finissant, nos regards sur un spectacle que mon imagination enchantée contemple quelquefois avec ravissement. J'aime à me figurer, M. F., Vincent de Paul, au grand jour de la manifestation des consciences, s'avançant d'un pas assuré vers ce souverain tribunal, où se distribuent les sentences de vie et de mort éternelle. O Dieu ! quelle est sa gloire et quel cortège l'entoure ! D'innombrables créatures innocentes qu'il a délivrées de la faute originelle, le précèdent en montrant avec une sainte allégresse le vêtement sans tache qu'elles doivent à sa sollicitude. Les galériens font retentir les chaînes qu'il les aida à porter. Plus multipliés que les sables de la mer et que les étoiles du firmament, les malheureux de toute condition dont il soulagea les maux, le saluent de leurs acclamations joyeuses et remplissent l'air des doux noms de père et de sauveur qu'ils lui adressent. Des milliers de vierges pures, de charitables veuves, de prêtres vénérables, de pasteurs et de pontifes sacrés, dont il dirigea les pas, fit éclore et encouragea les vertus, l'environnent de plus près et se plaisent à embellir son triomphe. Jésus, le trois fois saint et bien-aimé Jésus, les larmes de la tendresse dans les yeux, la face resplendissante de majesté

» hymnes qui accompagnent, dans votre patrie, l'exercice » du culte que l'on rend à Dieu. » Elle écoute ; mais les sanglots étouffent d'abord la voix du saint esclave. Enfin, au milieu des pleurs qui, par torrents, inondent son visage, il entonne ce touchant cantique des enfants de la captivité, si conforme à l'état où il se voit lui-même : « Tristement » assis aux bords des fleuves de Babylone, nous versons » des larmes au souvenir de Sion. Comment chanter, » hélas ! le cantique du Seigneur, dans une terre étran- » gère ? Si je t'oublie, ô Jérusalem (ici Vincent jetait un » long regard vers la France), si je t'oublie, que ma main » se dessèche, et que ma langue s'attache à mon palais, si » tu ne vis pas sans cesse dans ma mémoire, si tu n'es pas » toujours à la tête de mes cantiques de réjouissance (*) ». Le dévoué serviteur de Marie se souvint alors de sa tendre mère. « Je vous salue, ô reine, mère de miséricorde, » chanta-t-il avec cet accent inimitable que l'infortune » inspire ; je vous salue, vous qui êtes notre vie, notre » douceur, notre espérance. Fils exilés de la malheureuse » Eve, nous poussons vers vous nos cris et nos soupirs, » gémissants que nous sommes dans cette vallée de pleurs. » Oh ! tournez donc vers nous, puissante protectrice, votre » œil compatissant, et daignez, après cet exil, offrir à nos » regards Jésus, doux fruit de vos entrailles, ô clémente, » ô pieuse, ô bienfaisante vierge Marie. (**) » Il s'arrête à ces mots, et semble attendre l'effet de sa prière. Elle avait

(*) Ps. cxxxvi, passim. — (**) Antienne de Complies.

attendri le cœur de celle à qui Jésus-Christ ne refusa jamais rien. Excitée en secret par Marie, la femme de l'infidèle, que nos chants sacrés avaient vivement émue, court à son mari lui demander avec reproche comment il a pu déserter une religion si belle. Changement merveilleux de la droite du Très-Haut! Celui-ci reconnaît soudain son crime, il l'avoue avec remords, il promet de le réparer. Quelques mois s'écoulent, et fuyant la plage africaine, à travers les mers, il abandonne tout pour retrouver son Dieu. Captif à son tour, mais captif de la grâce, il revient attaché au char triomphal de son esclave.

Rentré dans sa patrie, avec le vif désir de ne pas laisser inutile la grâce qu'il avait reçue par la vertu de l'imposition des mains, Vincent de Paul eut le rare avantage de rencontrer un de ces hommes que le Seigneur établit dans Israël, pour être les conducteurs des conducteurs mêmes de son peuple. Bérulle, que la pourpre romaine décora plus tard, malgré les répugnances de sa modestie, réunissait à une piété tendre et profonde ces lumières étendues, que l'esprit de Dieu, l'étude et le commerce des hommes font naître et augmentent de jour en jour. Vincent lui confia la direction de sa conscience et s'imposa la loi de ne rien entreprendre sans son aveu. Heureux le jeune ministre des autels, qui, au sortir de la retraite sacrée, où il reçut l'éducation cléricale, se tient de la sorte en garde contre cette funeste indépendance qui le porterait à régler lui-même ses propres démarches! Ah! si la Providence a mis à sa portée et ménagé à sa faiblesse quelque collègue à cheveux blancs, « quelque saint homme, suivant le langage de l'Ecclésiastique, rempli de la crainte du Seigneur, dont l'âme soit en harmonie avec son âme, et qui, lorsqu'il chancèlera dans les ténèbres, sache compatir à son infirmité, qu'il le fréquente assidûment ; qu'il s'attache à ce cœur de bon conseil; rien ne doit être à ses yeux de plus grand prix; car la bouche du pieux serviteur de Dieu énonce parfois plus de vérités, que sept sentinelles placées sur la hauteur pour porter au loin leurs regards. (*) »

Quoique Bérulle eût formé dès lors le projet de donner à l'Église un nouvel ordre de prêtres (**), unis entre eux par les seuls liens de la fraternité, et consacrés à honorer, par une fidèle imitation, les vertus du souverain prêtre Jésus-Christ, il n'essaya point d'attirer dans sa naissante famille un homme si propre à seconder ses vues, et si dévoué à son obéissance. Loin, loin du grand ministère de la direction des âmes, les esprits à idées étroites, qui ne connaissant qu'une seule voie pour arriver à la perfection, prétendent assujettir l'univers à suivre les sentiers où ils ont eux-mêmes engagé leurs pas. Eh! quoi, les œuvres de Dieu, si variées dans la nature, seraient-elles tristement

(*) Ecclésiastiq., ch. XXXVII, v. 15 et suiv.

(**) La Congrégation de l'Oratoire, fondée en 1613, eut de très-beaux commencements ; mais le Jansénisme s'y étant introduit, elle finit de la plus triste manière. Elle vient d'être rétablie sur de nouvelles bases, par le T. R. P. Pététot. Que Dieu lui donne une florissante destinée !

uniformes dans le monde bien plus excellent de la grâce? Il ne vous appartient pas de gêner les opérations du Seigneur; étudier ses desseins et les favoriser, c'est votre rôle, et là se borne votre pouvoir.

Le guide choisi par notre Saint, était trop détaché de lui-même, pour oublier cette importante maxime. Consulté, il écoute la voix du ciel, et dès qu'il a cru l'entendre, il vous adresse Vincent pour pasteur, privilégiés habitants de la paroisse de Clichy. Volez à la rencontre de cet ange de la terre, qui vient à vous au nom du Seigneur. Ne lui demandez pas, comme autrefois les Bethléhémites à Samuel, « Si son entrée est pacifique. (*) » Voyez plutôt sur son visage l'amour de père qu'il vous porte déjà. Ainsi le Rédempteur du monde apparut au milieu des mortels, plein de douceur et de bénignité, « Ne jetant point les hauts cris, dit le Prophète, n'éteignant point la mèche encore fumante, et n'achevant point de rompre le roseau à demi brisé; (**) » courant de préférence après la brebis égarée, la rapportant avec joie et caresse dans le sein de la bergerie, soulageant les infirmités de tous; sa vie est renfermée dans un mot: « Il passa en faisant du bien; *pertransiit benefaciendo*.(***)» Tel est le modèle que Vincent de Paul se propose d'imiter. Monte-t-il dans la chaire chrétienne (et il y monte souvent, car il se souvient sans cesse que c'est-là le plus

(*) Ier Liv. des Rois, ch. XVI, v. 4.

(**) Isaïe, ch. XLII, v. 3. — (***) Act. ch. X, v. 36.

son conseil, il entreprit des missions en Auvergne, lesquelles produisirent les fruits les plus abondants. Connu du Cardinal de Richelieu, à la gloire duquel il faut avouer qu'il aimait à mettre le vrai mérite en relief, il ne dépendit que de lui de devenir évêque de Châlons-sur-Marne. Il refusa ce poste brillant, se sentant appelé à un autre genre de ministère. L'œuvre des séminaires lui était à cœur. Après divers essais, dont l'un fut tenté dans notre ville de Chartres, il accepta la cure de Saint-Sulpice, comme un moyen d'arriver à son but principal, et, en effet, il réussit, peu de temps après, à jeter les fondements de cette Congrégation illustre, où la piété, la modestie, le désintéressement, la doctrine et l'orthodoxie la plus pure se sont constamment alliées, pendant plus de deux siècles, pour former les élèves du sanctuaire, et peupler l'Eglise de cette multitude de grands prélats et de saints pasteurs, qui en ont fait une Eglise admirée de l'univers entier. Il écrivit aussi plusieurs ouvrages ascétiques fort estimés de ceux qui s'appliquent aux choses de la vie spirituelle. Il n'avait que quarante-neuf ans, quand il mourut en 1657 ; mais on peut dire qu'il avait beaucoup vécu, puisqu'il avait acquis une grande sainteté, et fait, dans l'Église, une œuvre qui contribue d'une manière si éclatante et si fructueuse, au salut des âmes et à la gloire de Dieu. Fénélon a dit en parlant de cette œuvre : « Je ne connais rien de plus vénérable que » Saint-Sulpice. » (Lettre au Roi.) Tout prêtre français, tout prêtre catholique souscrira à ce bel éloge.

(4)

Adrien Bourdoise, né à Brou, diocèse de Chartres, le 1er juillet 1584, a été regardé, pendant sa vie et après sa mort, comme un des prêtres les plus vertueux et les plus zélés de son époque. Ami de saint Vincent de Paul, il travailla beaucoup à la réformation de la discipline ecclésiastique, se livra de toutes ses forces au ministère de la parole sainte, et propagea l'esprit d'association, en fondant, en 1618, le séminaire et la communauté des prêtres de Saint-Nicolas-du-Chardonnet ; institutions si bien cimentées, qu'elles ont duré jusqu'à la Révolution française. Ce prêtre vénérable avait le caractère un peu excessif ;

certains traits de sa vie annoncent en lui un esprit original et caustique; et sa figure, s'il faut en croire un portrait conservé, jusqu'à ce jour, dans la sacristie de l'Église de Brou, était passablement rébarbative. Mais Dieu qui ne lui avait pas donné précisément la même vocation qu'à saint Vincent de Paul ou à saint François de Sales, Dieu qui l'avait principalement destiné à combattre le relâchement du clergé et la mollesse du siècle, avait, si on me passe cette pensée et cette expression, accommodé son génie et sa personne à sa destinée particulière : pour atteindre son but, Bourdoise avait presque besoin de le dépasser. Il mourut en odeur de sainteté, le 19 juillet 1655. On a de lui un livre qui nous a paru assez singulier, et où il règne une rudesse et une certaine naïveté maligne, qui ne laisse pas d'être mordante.

(5)

Jean-François-Paul de Gondi, cardinal de Retz, est si connu par ses propres mémoires, et par une foule de notices biographiques dont il a fourni le sujet, que nous en dirons ici peu de chose. Il naquit à Montmirail, en 1614, et fut le deuxième fils de Philippe-Emmanuel de Gondi, Général des galères de France, et de Françoise-Marguerite de Silly, fille aînée du comte de la Rochepot, Gouverneur d'Anjou. Quand la piété n'est pas éclairée, elle peut faire commettre de grandes fautes. Le père de Paul de Gondi qui, après la mort de sa femme, s'était fait prêtre, et était entré dans la Congrégation de l'Oratoire, mû peut-être, sans trop s'en rendre compte, par la secrète ambition de ne pas laisser sortir de sa famille l'archevêché de Paris, mais se persuadant qu'il n'agissait que dans l'intérêt de son enfant, le força, dans l'espoir d'assurer mieux son salut éternel, de se consacrer à l'état ecclésiastique, malgré des répugnances affreuses, et quoique tous ses penchants s'opposassent à une telle vocation. Cette violence eut des suites lamentables, et, sans la bonté infinie de Dieu, qui prit pitié d'un homme qu'on avait ainsi écarté de sa véritable voie, il se fût perdu sans ressources. Déréglé dans ses mœurs, et plus fait pour commander une armée, que pour diriger un grand diocèse; mais en même temps, instruit, habile, éloquent, plein d'un sentiment de dignité sement ses loisirs pour la prière et pour l'étude, cependant, afin de se faire « Tout à tous, et par-là de gagner à Jésus- » Christ tous les siens, (*) » il les visite dans leurs demeures, portant partout des paroles de paix, de charité, de concorde. Il s'asseoit même quelquefois à leur table, et dût-il exciter les murmures d'esprits chagrins et mal faits; dût-il s'entendre appeler aussi « Ami des publicains et des » femmes de mauvaise vie, (*) » il ne refuse pas toujours l'invitation du pécheur, que sa vertu conciliante a rapproché de lui. Il sait que les cœurs sont à ce prix, et que lorsqu'on ne sème pas dans les cœurs, on ne peut recueillir qu'une moisson chétive et ingrate. Ah! puisse la charge pastorale être toujours exercée dans cet esprit de sagesse et de douceur. C'est l'esprit de Jésus-Christ même. Plus que jamais, il est nécessaire que le Prêtre, en s'éloignant du relâchement et de la mollesse, s'éloigne aussi des formes acerbes et rudes. Il faut, s'il m'est permis d'émettre mes faibles pensées, couronner de fleurs le vase qui renferme le breuvage un peu amer de la pénitence; il faut, d'une main, se tenir attaché puissamment aux saintes règles, et, de l'autre, écarter, autant que possible, les épines et les ronces qui croissent dans le sentier déjà si étroit de l'Évangile. En aimant son troupeau, Vincent avait trouvé le moyen le plus sûr de s'en faire aimer à son tour. Que de biens sortirent en foule de cette heureuse et réciproque affection! Les haines, et les dissensions apaisées, la fréquentation

(*) Ire aux Corinth., ch. IX, v. 22.

des Sacrements en honneur, d'éclatantes conversions opérées, le temple du Seigneur reconstruit à grands frais, les autels décorés, le culte de Marie gravé dans tous les cœurs : les beaux jours de l'Église primitive renaissent et la ferveur antique refleurit. Dirigé par les mêmes principes, le Saint renouvela, depuis, ces merveilles, dans la paroisse de Châtillon-les-Dombes, dont la Providence lui confia le gouvernement, pendant quelques mois qu'il passa hors de la maison de Gondi, où nous allons le voir entrer.

A ce nom de Gondi, vous vous rappelez, M. F., cette pieuse et bienfaisante duchesse, dont la mémoire éternellement bénie est inséparable de celle de Vincent de Paul. Épouse du Général des galères de France, mais bien plus illustre par ses vertus que par sa naissance, ses richesses et l'éminence du rang qu'elle tenait dans la société, elle sentait vivement la nécessité de faire élever ses enfants dans la crainte de Dieu et dans la pratique de la religion; « Plus désireuse, a dit l'historien de sa famille, d'en faire » des citoyens du ciel, que des grands seigneurs de la » terre. » A la voix de Bérulle, qui, cette fois encore, lui intima les volontés du Seigneur, Vincent n'hésita point à se charger de cette éducation, quittant, non sans regret, la culture du champ que ses sueurs avaient arrosé, et dont il se promettait tant de fruits. L'homme obéissant ne considère dans les ordres du ciel que l'obligation de s'y soumettre; il ferme les yeux sur les conséquences; mais elles sont telles, pour l'ordinaire, qu'il a tout lieu de s'applaudir de ne les avoir pas redoutées. Former à la vertu et aux lettres des enfants appelés à jouer sur le théâtre du monde les rôles les plus importants, n'est pas une tâche facile et vulgaire. Vincent en comprenait la gravité et l'étendue. Sans doute il n'entendait pas négliger l'esprit de ses élèves (et certes, sous ce rapport, l'un d'entre eux, écrivain si piquant et si original, a pu lui faire assez d'honneur); mais il attachait beaucoup plus de prix à inculquer dans leurs cœurs l'amour de la piété chrétienne. Il était convaincu que les grands, plus encore que le reste des hommes, ont besoin de se pénétrer fortement, dans l'enfance, des vérités de la foi, seules digues assez fortes contre le torrent des passions, auxquelles ils sont exposés, plus que tous les autres. Ce fut probablement à ces leçons du premier âge, qui ne s'oublient jamais, et qu'il avait reçues d'une bouche si respectable, qu'il dut son tardif, mais entier et réel retour à la vertu, ce Coadjuteur fameux (5), par son esprit, ses malheurs et son caractère entreprenant et brouillon. Jamais peut-être cet homme, d'une trempe si vigoureuse, n'aurait mis de terme à de déplorables écarts, si une main prévoyante et sage n'avait assis la religion dans son âme, sur des bases profondes et inébranlables.

La pieuse duchesse de Gondi, qui, dans le sein de l'opulence et au milieu des honneurs de la terre, ne soupirait qu'après les biens invisibles de la grâce, ne fut pas longtemps à s'apercevoir que la bonté divine avait mis à sa disposition le guide expérimenté qui devait régler et affermir ses pas vers le port de l'éternel salut. Ames magnanimes, à qui le ciel a inspiré, comme à elle, le courageux dessein de gravir, malgré les obstacles, jusqu'au sommet de la perfection chrétienne, écoutez l'avis que vous donne le sage : « Choisissez entre mille le conseiller de votre » vie. (*) » Les saints ont encore enchéri ; ils ont dit : « En- » tre dix mille ; (**) » et ils ont ajouté que moins, beaucoup moins de personnes qu'on ne pense, étaient capables de ce haut ministère. « L'art des arts (***) » exige tout-à-la-fois, de la part de celui qui l'exerce, la piété sincère, la science solide, le discernement, le tact, la connaissance des voies intérieures, mais par-dessus tout, la charité, la bonté et des entrailles, pour ainsi dire, maternelles. Que de faiblesses à supporter ; mais aussi que d'excès à modérer et à retenir ! Que de peines et de douleurs à calmer ! Que de décisions délicates à rendre ! Quelles routes sinueuses à suivre ! Quelles nuances imperceptibles et légères à démêler et à saisir ! Vous dont l'esprit inflexible et raide ne veut admettre aucun tempéramment, ni faire la part des temps, des conditions, des âges, et de mille circonstances que la discrétion apprécie ; vous qui, au contraire, ne savez jamais soutenir les conséquences légitimes d'un principe invariable et sûr, et qui forcez la morale de plier devant les intérêts et les passions des hommes ; vous encore, génies trop élevés et trop forts pour descendre à ce que vous appelez des puérilités et des misères, indignes

(*) Eccles., ch. VI, v. 6. — (**) Introduct. à la vie dévote.

(***) Past. de saint Grég.

de votre attention et de l'emploi de vos talents; vous enfin qui n'ayant jamais souffert de certains maux, ne pouvez rien comprendre aux plaintes de ceux qui les endurent, ne mettez point la main à la direction des consciences; Dieu sans doute vous appelle à d'autres travaux, et il réserve cette fonction pénible à ceux qu'il a spécialement élus, ainsi que Vincent de Paul, pour la remplir en son nom. Par les soins de son sage conducteur, Madame de Gondi fait dans la piété les progrès les plus rapides; de longues perplexités s'évanouissent comme un songe; de tristes nuages se dissipent; son cœur se fortifie et se dilate. Alors, plus de bornes à ses vertus et à ses bonnes œuvres; l'humilité s'allie en elle à la grandeur; la charité met sur les lèvres une garde inviolable de circonspection; les charmes de la prière en dissimulent la durée; les aumônes coulent à grands flots; le zèle du salut des âmes allume tous ses feux; elle ne vit plus que pour la patrie future, presque assurée de la conquérir, si elle conserve jusqu'à la fin le trésor de conseils où elle puise avec tant de bonheur.

Le don que Vincent de Paul avait reçu en partage pour amener les âmes à la perfection, ne profita pas à la seule duchesse de Gondi. Qui pourrait compter les fils spirituels qu'il a, durant le cours de sa vie, enfantés à Jésus-Christ, nourris d'abord du lait des faibles, puis portés peu-à-peu à dévorer, sans répugnance, le pain solide des maximes les plus élevées de l'Évangile? Religieux, prêtres, pontifes, seigneurs puissants, personnes du sexe de la plus haute distinction, aussi bien que l'humble artisan, que la novice timide et la simple femme de ménage, se sont glorifiés, en foule, de le reconnaître pour père et de soumettre à ses oracles leurs projets, leurs affaires, et jusqu'à leurs pensées les plus intimes. Filles de Sainte-Marie, qui vîntes à la suite de la vertueuse Chantal (*), de cette veuve héroïque, que les plus durs sacrifices n'arrêtèrent pas dans l'accomplissement de l'œuvre de Dieu, établir à Paris, la première maison de votre saint Ordre, vous fîtes une longue, autant que bienheureuse expérience de la charité et de cette science consommée, avec laquelle Vincent de Paul procurait l'avancement des âmes dans le chemin du saint amour. Pendant près de quarante ans consécutifs, malgré le poids intolérable de ses travaux et de ses grandes entreprises, il cultiva, dans vos sacrés enclos, les fleurs odorantes et précieuses que le céleste Époux y avait rassemblées. Il connaissait à fond l'excellence de votre Institut; il savait à quelle perfection exquise vous deviez prétendre; il s'efforçait sans relâche de vous y faire arriver, et secondé par votre noble ardeur, il voyait ses efforts couronnés de succès, et justifiait le magnifique éloge qu'avait fait de sa vertu et de sa capacité, François de Sales, votre illustre Fondateur.

François de Sales! Vincent de Paul! est-il possible de rencontrer ici ces deux grands serviteurs de Dieu, sans

(*) Jeanne-Françoise Frémiot, baronne de Chantal, Fondatrice de l'Ordre de la Visitation Sainte-Marie. Sa vie est entre les mains de tout le monde. On conseille vivement de lire ses *Mémoires*, par la Mère F.-M. de Chaugy.

célébrer l'amitié sainte qui les unit sur la terre, et qui les tient encore, au-delà du tombeau, serrés étroitement de ses doux nœuds, dans le sein de la divinité? Ils n'eurent besoin que de se connaître, pour se sentir entraînés l'un vers l'autre par une mutuelle estime et par la plus cordiale affection. « Je ne sache point de plus saint prêtre, » disait François de Sales, en parlant de Vincent de Paul. « Mon » Dieu, s'écriait celui-ci, à son tour, puisque l'évêque de » Genève, votre digne ministre, est si plein d'attraits et si » aimable, quels doivent donc être vos attraits suprêmes, » et combien ils doivent mériter notre amour! » Il y eut dans leurs destinées de remarquables ressemblances. Tous deux se distinguèrent par une charité tendre, dont les hommes ont conservé le souvenir, et quelque chose de si touchant s'est attaché à leur mémoire, qu'il n'est peut-être pas de saints que la religion puisse présenter, avec plus de confiance et plus d'honneur pour elle, à ses amis et à ses ennemis. Tous deux ont enrichi l'Eglise de congrégations religieuses, qu'elle s'est empressée d'adopter, et qui ont imprimé de nouvelles et agréables couleurs à la robe si variée dont elle est revêtue. Tous deux ont ramené au bercail de la foi et de la vertu un nombre presque infini de brebis égarées et perdues. Tous deux ont initié aux pratiques de la piété la plus sublime des milliers d'âmes, que le ciel a reçues dans ses plus belles demeures. Toutefois leurs vocations différaient à certains égards, ainsi que les qualités rares dont ils étaient doués, et tout, jusqu'à leur extérieur, se trouvait admirablement d'accord avec les vues du Seigneur sur chacun d'eux. Né particulièrement pour être le père des pauvres, Vincent portait la bonté et la simplicité empreintes dans sa figure honnête et grave. La prudence, plutôt que l'éclat et la grâce, formait le genre de son esprit. L'humilité dominait ses vertus. Son cœur, aussi vaste que l'univers, se sentait assez large pour contenir toutes les misères de la race humaine, et quoique dénué personnellement de tous biens, sa confiance en Dieu le rendait assez riche pour subvenir à tous les besoins et à tous les maux. François de Sales peut être considéré comme l'apôtre des gens du monde. Voyez s'il n'est pas créé tout exprès pour ce ministère? Il a pour lui la naissance, qui le met de niveau avec les classes élevées dont il doit être le docteur. A la noblesse du port, à des traits majestueux et doux se joint la politesse que l'éducation donne. Vif et posé, d'une imagination riante, il excelle par la justesse de son jugement, autant que par sa sagacité et sa pénétration. Est-il un repli du cœur dans lequel il ne s'insinue? une faiblesse de notre nature qui lui échappe? Mais l'exagération lui déplaît; sur chaque matière, il sait s'arrêter à ce point unique au-delà et en deçà duquel ne peuvent se rencontrer que de dangereuses erreurs. La sensibilité pure, la tendresse d'âme respirent dans ses écrits, et la morale chrétienne s'y trouve accompagnée de tant d'agréments et de charmes, qu'on ne peut se défendre de l'innocente séduction qui la fait embrasser avec transport.

Tandis que Vincent de Paul se livre, dans la maison de Gondi, aux devoirs obscurs où l'on a circonscrit son zèle,

Dieu qui le voit fidèle en ces choses de moindre importance, s'apprête à l'établir sur de plus considérables. Tout-à-coup il ouvre devant lui une carrière, où cette ardeur, longtemps concentrée, pourra enfin se déployer sans contrainte.

Souvent, en parcourant les campagnes, en interrogeant dans le secret les hommes simples qui les habitent, le Saint avait remarqué avec une vive douleur que l'instruction chrétienne, insuffisamment distribuée, n'avait pas assez pénétré dans ces intelligences grossières. Hélas! ces vérités essentielles, dont la croyance peut seule procurer le salut de nos âmes, leur étaient à peine connues; des vices énormes naissaient, à la suite d'une ignorance si funeste, dont ils sont les frères presque inséparables; et, au milieu de ces tristes ténèbres, la conscience endormie ne jetant aucun cri, laissait misérablement périr une foule d'infortunées victimes, qui ne se réveillaient qu'au bruit de leur chûte, et lorsque le précipice les avaient englouties sans retour: état déplorable des choses, qui remplissait l'âme de Vincent d'une affliction amère, que plus d'une fois il épancha dans le cœur de Madame de Gondi, digne confidente de ses pensées et sa coopératrice généreuse dans ses saintes œuvres. Ensemble ils formèrent le projet de réunir une société de prêtres dévoués sans réserve à réparer ces grands maux, et appliqués presque exclusivement à rompre le pain de la divine parole, aux petits, aux indigents, aux faibles, à la portion la plus oubliée, mais pourtant la plus nombreuse du troupeau de Jésus-Christ. Il est beau, il est digne des regards de la terre et du ciel, ce spectacle de l'opulence se concertant avec la vertu, pour procurer l'accroissement et la perfection du règne de Jésus-Christ sur la terre.

Qu'ils se pénètrent bien de sa pensée ceux que le saint Instituteur daigne admettre à partager ses travaux. Il ne s'agit pas de monter, au bruit flatteur des applaudissements, dans ces chaires distinguées qu'un brillant auditoire entoure, et du haut desquelles l'éloquence peut étaler avec grande pompe toutes les ressources de son art. Vincent, l'humble Vincent a peu de goût pour un ministère qui s'exerce avec tant d'appareil. S'il est utile, pour la gloire de la Religion, que le talent luise, aussi bien que la vertu, sur le chandelier de l'Église, il décline une tâche que sa modestie redoute, et qu'assez d'autres, sans lui, s'empresseront de remplir. « Dieu, dit-il aux siens avec » l'Apôtre, ne nous a point envoyés pour évangéliser, » selon la sagesse du discours mondain ; gardons-nous » soigneusement d'en faire usage; la croix du Christ en » aurait moins de vertu entre nos mains. Venez, suivez- » moi dans les temples couverts de chaume, dans les asiles » de la misère et de la douleur. Là, nous rassemblerons » un bon peuple, à qui nous tiendrons un langage dont » l'amour-propre n'aura point à espérer de salaire. Nous » y serons toutefois plus amplement payés de nos peines, » par la docilité qu'on mettra à suivre nos enseignements.» Sublime abnégation, tu devais en effet opérer des miracles, et le Dieu que ces hommes désintéressés avaient uniquement en vue, ne pouvait laisser infructueux et stériles des efforts dirigés vers un si noble but, et poursuivis avec une intention si pure.

Les compagnons du saint se multiplient bientôt comme par enchantement. Dignes qu'ils sont, à plus d'un titre, pour la plupart, d'aspirer aux places les plus élevées de l'Église, ils préfèrent à des honneurs, toujours dangereux, quoique sacrés, la mission pénible de défricher les coins les plus arides et les plus ingrats de la vigne du Seigneur. Leur chef vénérable en a donné l'ordre, et voilà qu'animés par ses exemples, ils courent se répandre et s'ensevelir, au loin, dans nos hameaux. Que leur importe le théâtre? Ce sont les âmes qu'ils cherchent, et sous des dehors repoussants et sauvages, il s'en trouve de rachetées aussi au prix de tout le sang versé par l'Homme-Dieu. Deux graves objets attirent leur attention ; ils s'attachent à éclairer l'esprit, à réformer les mœurs. Des instructions simples, précises, suivies, où l'on ne craint jamais de s'abaisser à trop de détails, chassent peu à peu les nuages épais qui obscurcissent l'intelligence. Un aveu général des fautes, propre à réparer les infinies négligences d'une aveugle routine, vient ensuite arracher, dans le sacré tribunal, des larmes abondantes à ces yeux insensibles, que les motifs de la foi avaient laissés, jusque-là, toujours secs. O prodige! En quelques semaines, un peuple entier renonce à ses habitudes les plus invétérées. La chasteté succède à la licence et les chants sacrés aux blasphêmes; la paix renaît au sein des familles, les antres de la débauche sont déserts, le lieu de la prière se remplit d'adorateurs, et, régénéré avec son troupeau, le pasteur s'applique à imiter les admirables modèles dont il a contemplé de près les vertus.

Mais la France n'est pas seule fécondée par les fatigues et par les sueurs de ces nouveaux apôtres. L'Italie, à qui nous rendons, en quelque sorte, par eux, les secours de la foi qu'elle a prêtés jadis à nos pères; Alger, Tunis, que les souvenirs du malheur, plus forts et plus doux que ceux de la prospérité, tiennent sans cesse présents au cœur de Vincent de Paul; l'Irlande, où le catholique gémit sous des lois d'oppression et de sang; la Pologne, que la conformité de croyances, de qualités et de mœurs identifient, pour ainsi dire, à notre nation, reçoivent nos ouvriers évangéliques, et s'étonnent des fruits inespérés de consolation et de salut qui naissent, en tout lieu, sous leurs pas. Infortunée Madagascar, plongée, jusqu'à cette heure, dans les noires ombres de la mort, et gémissante, après tant de siècles, sous le joug de l'idolâtrie, les enfants du saint prêtre tentent aussi ta délivrance. Trois fois, pour te porter la liberté et la lumière, ils affrontent les tempêtes de l'Océan; mais, par un profond jugement de Dieu, une mort prématurée, ou la fureur des flots jaloux, enlève à leur sainte entreprise ces courageux martyrs du zèle, qu'une charité indomptable s'obstine, presque en dépit de la prudence, à diriger successivement vers tes bords (*).

(*) Le zèle catholique ne s'est point refroidi, depuis cette époque; plusieurs tentatives ont été renouvelées, jusque dans ces derniers temps, pour la conversion de Madagascar; mais elles n'ont produit

Où les disciples de Vincent puisaient-ils donc ce dévouement sans bornes, ce mépris surprenant des dangers comme des plaisirs, des fatigues comme des biens de la vie? D'abord dans les exemples frappants de leur maître, qui aurait pu les inviter, aussi bien que l'Apôtre, « à copier » sur lui la ressemblance qu'il avait empruntée à Jésus- » Christ même (*) ». Mais, de plus, ils étaient puissamment excités par ses discours. Qui n'a pas entendu parler de ces conférences fameuses, où Vincent rassemblait, chaque semaine, tout ce que le clergé de la capitale renfermait dans ses rangs de plus considérable par la vertu, le savoir, les dignités et la naissance? Assis au milieu des docteurs de la loi, comme le Sauveur, durant les jours de sa vie mortelle, l'homme de Dieu se faisait écouter et admirer de tous. Vous eussiez vu les pontifes eux-mêmes suspendus à cette bouche sacrée, et recevant avec une avidité respectueuse les conseils de l'Esprit-Saint, dont elle était l'organe. Les grandes obligations du sacerdoce formaient la matière inépuisable de ces entretiens ; on s'animait mutuellement à les remplir, et pénétré jusques au fond de l'âme, chacun s'écriait en se retirant : « N'est- » il pas vrai que nous sentions s'enflammer nos cœurs, » tandis qu'il daignait nous instruire? *Nonne cor nostrum* » *ardens erat in nobis, dum loqueretur?* (**) » C'est aux

encore que de médiocres résultats, bien qu'elles aient coûté la vie à plus d'une généreuse victime.

(*) Ire Épit. aux Corinth., ch. XI, v. 1.

(**) Luc, ch. XXIV, v. 32.

saintes ardeurs de Vincent de Paul, que Bossuet, ce roi de l'éloquence, alluma les premiers rayons de sa magnifique imagination, ainsi qu'il s'en glorifiait lui-même, dans un âge avancé, et sans doute, ce n'est pas, aux yeux de l'Eglise, le moindre mérite de notre modeste prêtre, que d'avoir indiqué les sentiers de la vraie piété et les sources de la saine doctrine, à l'homme prodigieux, dont le génie immense et les œuvres, pour ainsi dire, gigantesques, feront éternellement l'honneur de la Religion et de notre patrie.

Que le prêtre selon le cœur de Dieu, est une précieuse ressource! Mais aussi, quel principe tristement fécond de malheurs et de crimes, que le prêtre infidèle et lâche qui néglige les devoirs de sa vocation! Vincent, en poursuivant le cours de ses missions, appréciait tous les jours davantage cette double vérité. Il comprenait que tous ses travaux ne produiraient jamais un résultat solide, s'ils n'étaient soutenus par les soins et par la constance des pasteurs ordinaires des peuples. C'est ce qui lui fit entreprendre de réaliser, au sein de l'Eglise de France, le vœu si justement exprimé par le Concile de Trente, de voir s'élever, de toutes parts, des maisons où la jeunesse pût être préparée aux fonctions du sacerdoce, avant de les exercer et de parvenir à ses honneurs. Soixante séminaires, institués en assez peu de temps, attestèrent aux enfants du serviteur de Dieu que cette extension naturelle de son œuvre était agréable au Seigneur, qui la comblait si évidemment de ses bénédictions. M. F., la Religion, dans ce diocèse, doit à Vincent de Paul de particulières actions de grâces. Ses prêtres, dès l'origine, vinrent évangéliser nos contrées, et fonder, à nos portes, une de ces saintes académies, mères et nourrices de l'ordre lévitique. Hélas! leur ouvrage est détruit (*). Un seul de leurs successeurs subsiste (**), un seul a survécu parmi nous, à toutes les vicissitudes et à tous les orages. Trouvant dans son zèle et dans l'amour qu'il nous porte, une force que son corps, usé par les années et les fatigues, lui dénie, il repousse courageusement le repos, et se prépare, à l'exemple du glorieux fondateur de sa Congrégation, à mourir les armes à la main, et à la tête de la jeune milice qui se forme, sous ses yeux, « à soutenir les combats du Seigneur (***). » Saint et bien-aimé vieillard, de qui j'ai reçu l'éducation cléricale, daigne agréer ici l'hommage de ma reconnaissance. Il m'est doux de te l'offrir, en présence de ces pieuses filles, qui reconnaissent, comme toi, Vincent de Paul pour père; en présence de mes frères dans le sacerdoce, qui redevables envers ta bonté des mêmes bienfaits que moi, te paient aussi du même amour; en présence de cette foule de fidèles qui n'entendent jamais prononcer ton nom sans éprouver, avec une impression de respect, un

(*) Le Grand Séminaire, le Séminaire de Beaulieu, a été détruit de fond en comble, en 1793; à peine s'il reste pierre sur pierre de ce vaste et bel établissement. La chapelle qui était magnifique, venait à peine d'être achevée, lorsqu'on la renversa.

(**) M. l'Abbé Verguin était encore à la tête du Grand Séminaire de Chartres, lorsque ce panégyrique fut prononcé pour la première fois. (Voir la note 6 qui le concerne.)

(***) Ier Liv. des Rois, ch. XVIII, v. 17.

sentiment d'affection tendre, que le souvenir de tes vertus indulgentes fait naître en tous les cœurs (6).

Dieu qui se plaît à exalter les humbles, donnait ainsi de merveilleux accroissements aux germes plantés par Vincent de Paul; il exauçait ses plus ardents désirs, en faisant succéder avec tant de bonheur, tout ce qu'il entreprenait à la gloire de la religion. Mais il lui départait une autre faveur, que ce fidèle ministre redouta toujours, plutôt qu'il ne l'ambitionna, je veux dire la réputation et l'estime des hommes, dont il recevait les plus éclatants témoignages. Richelieu, d'autant plus digne appréciateur du mérite, qu'il en avait lui-même un si extraordinaire, recourait souvent à ses lumières, et voulait avoir son avis dans les plus importantes affaires de l'Eglise. Les plus hauts personnages de l'Etat lui marquaient la même déférence. Il était devenu, suivant l'expression spirituelle d'une lettre qui lui fut adressée de la province, « l'Intendant-général des affaires de Dieu; » et les têtes couronnées elles-mêmes partageaient à son sujet l'opinion universelle. Louis XIII, qui, à défaut de grands talents, s'est rendu recommandable à la postérité par la pureté de ses mœurs, sa sincère piété, et le choix que son bon sens lui fit faire du ministre sans égal qui régna sous son nom, mais qui régna pour abattre les ennemis de la France, affermir l'autorité royale, et faire éclore une des plus belles époques dont les fastes du genre humain se soient glorifiés; Louis XIII, aux portes de la mort, désira de recevoir, de la bouche de Vincent, ces encouragements et ces consolations si nécessaires, pour franchir le pas terrible qui sépare le temps de l'éternité. Frappé de la vertu incorruptible du saint Prêtre, et inquiet probablement sur l'usage qu'il avait fait de l'une des plus formidables prérogatives de sa couronne : « Ah! dit-il, en cette extrémité, où l'on » juge si bien des personnes et des choses, si Dieu pro- » longeait mes jours, je n'admettrais personne à s'asseoir » dans la chaire des pontifes, qu'il n'eût fait, à l'école de » Vincent, l'apprentissage d'une si haute dignité. »

Anne d'Autriche recueillit ce dernier vœu sur les lèvres mourantes de son époux. Dépositaire de l'autorité suprême, après qu'il eut expiré, elle appella à siéger parmi les distributeurs des grâces ecclésiastiques, cet homme que le suffrage d'une voix si chère et si auguste lui avait désigné comme le plus digne de tous. Ne craignez point que la fortune, si fatale à la vertu médiocre, ébranle l'âme de Vincent de Paul et enivre sa tête de ses vapeurs et de sa vaine fumée. Il s'avance sur le théâtre des honneurs, avec autant de douleur et de répugnance, que d'autres y apportent d'empressement et de transports de joie. Il n'envisage que la responsabilité effrayante du fardeau qu'on lui impose. Mais il affermit son cœur, et il y enracine l'inébranlable résolution de tout faire pour Dieu seul, et de n'émettre jamais un avis, qui ne soit pesé au poids du sanctuaire. Ne l'admirez-vous pas, dans le palais des rois, en face d'un prince de l'Église, tout-puissant dans l'État, et moins scrupuleux que lui sur le choix des ministres saints? Silencieux, attentif, il réfléchit, il examine, il scrute, craignant la précipitation et la surprise. Ni l'éclat de la pourpre, ni le nom et l'autorité de la souveraine, qu'on invoque, ne lui imposent. Nulle sollicitation ne le touche; la ruse, la calomnie le trouvent immobile. Si vous n'avez à étaler à ses yeux que les images de vos ancêtres, l'antiquité de votre origine, la valeur guerrière de vos proches, n'espérez pas de l'éblouir. Il vous répondra que l'Apôtre n'exclut pas, à la vérité, le grand et le puissant du siècle du trône épiscopal, mais qu'il exige, au préalable, des titres d'un tout autre genre, sans lesquels on ne peut y monter en sûreté de conscience, ni s'y maintenir avec dignité et succès. Êtes-vous d'une vie irrépréhensible, et avez-vous conservé, dans sa fleur votre réputation? La chasteté, le désintéressement, le zèle ardent du salut des âmes, sont-ils couronnés, en votre personne, par le talent, la science, le don de la parole? Allez, vous n'avez pas besoin de brigues pour attirer sa protection et ses regards. Il saura vous prévenir; car il n'est pas moins soigneux de rechercher la modestie capable, que ferme à repousser l'incapacité ambitieuse et cupide. Par lui, les hommes sont mis à leur véritable place; on ne voit plus de ces scandaleux et trop ordinaires renversements : l'ignorance et le vice au comble du pouvoir; la piété et les lumières abattues et humiliées sous leurs pieds. C'est peut-être à Vincent de Paul (et l'un des plus célèbres prélats du grand siècle (*) lui en a donné la louange), que l'Église de France fut redevable de ces

(*) Ce prélat est l'illustre Fléchier.

jours de splendeur, où riche de vertus et de doctrine, plus encore que de biens, de noblesse et de puissance, elle jeta dans tout l'univers un éclat si vif et si pur.

Quel défenseur intrépide la Foi ne devait-elle pas trouver dans un Prêtre si sensible aux intérêts de Jésus-Christ, son maître? L'idée seule de l'hérésie et du schisme le faisait frissonner d'horreur. Point de liens qu'il ne fût prêt à rompre, pour voler au secours de nos vérités saintes. Un homme (*) qu'il honora long-temps de son amitié, vient à se laisser séduire par des nouveautés dangereuses, et se fait l'un des coryphées de cette secte hypocrite, qui sait prendre mille formes, et qui tant de fois foudroyée par l'Église, s'attache néanmoins à elle, comme un chancre pour la dévorer (**). Vincent l'avertit d'abord en secret, cherche à l'éclairer et à le retirer de l'abyme. Mais, dès qu'il s'est assuré que l'entêtement de l'orgueil domine le malheureux et le tient captif dans ses fers, il s'en éloigne avec effroi, se hâte de pourvoir à la sûreté des siens contre la contagion naissante, donne l'éveil par ses cris d'alarme, aux sentinelles de la maison de Dieu, et ne néglige rien pour qu'on fasse tête à l'erreur. L'erreur non plus ne lui a pas pardonné les coups vigoureux qu'elle en a reçus. Même après tant d'années, elle s'en souvient avec amertume, et l'on voit (ô honte éternelle de l'esprit de parti!), on voit encore parmi nous des français, qui se prétendent catholiques,

(*) Du Vergier de Hauranne, Abbé de St-Cyran. (Voir la note 7.)

(**) Le Jansénisme.

disputer à Vincent ce titre de Saint, que l'incrédulité elle-même lui décernerait par acclamation, si pour elle il était des saints. Je ne sais si la haine des méchants n'est pas un hommage plus flatteur que l'amour même des gens de bien.

Vous l'avez vu, Chrétiens, Vincent a fait pour le salut des âmes tout ce qu'on peut attendre du cœur le plus dévoué à leur bonheur et à leur sanctification. Il nous reste maintenant, pour justifier les paroles de notre texte, dans toute leur étendue, et pour compléter l'éloge de notre héros, à vous le montrer « compatissant aux misères tempo- » relles de ses semblables, et versant des larmes avec des » bienfaits sur leurs infortunes et sur leur indigence. » C'est le sujet de ma seconde partie.

« Chose admirable! a dit un écrivain célèbre, la reli- » gion chrétienne qui ne semble avoir pour objet que la fé- » licité de l'autre vie, fait encore notre bonheur dans » celle-ci. (*) » Ce n'est pas seulement à écarter de l'homme, le vice, le péché, le crime, qu'elle attache sa sollicitude. Si elle s'efforce d'aplanir devant lui ces obstacles, qui lui raviraient les joies de la béatitude suprême, tendre mère, elle ne s'applique pas avec moins d'ardeur à le préserver des adversités et des peines qui empoisonnent, dans ce monde, le peu de paix et de douceur que

(*) Montesq., Esprit des lois.

l'on peut y goûter. Ses ministres, lorsqu'ils sont dignes d'elle, ne croient atteindre le but entier de leur mission sur la terre, qu'en la secondant dans cette double tâche : leur charité ne connait ni exceptions, ni bornes ; elle aspire incessamment à fermer les plaies de toute espèce, et distribue avec un zèle égal la nourriture matérielle de la chair et l'aliment surnaturel de l'âme.

Au milieu de ses travaux apostoliques, Vincent n'oublia jamais la seconde partie de ses obligations; la loi en était écrite pour lui dans l'Evangile et dans son cœur. Comme chrétien, comme prêtre et comme homme, il avait à la miséricorde un penchant irrésistible ; et ce fut en lui donnant un libre cours, qu'il enfanta ces merveilles dont le récit paraît incroyable, dans la vie d'un particulier.

Déjà nous l'avons trouvé, M. F., prodiguant, dans la paroisse de Clichy, les consolations et les secours à celles de ses brebis que la Providence semblait avoir négligées dans la distribution des biens d'ici-bas. Dans la maison de Gondi, la seule récréation qu'il mêle aux fonctions pénibles de l'enseignement, c'est celle de visiter, dans les réduits de la misère, et le mercenaire arrêté par la maladie sur le grabat de la souffrance, et la veuve poursuivie par des créanciers implacables, et le vieillard achevant d'user, au milieu des infirmités et des besoins, une vie de fatigues et de privations éternelles. Tout l'ascendant que ses vertus lui ont donné sur la duchesse de Gondi, il l'emploie à détourner sur les nécessiteux de longs ruisseaux de libéralités et de grâces; il ne jouit de son crédit et de la confiance illimitée que lui accorde une opulente famille, que pour attirer sur elle les bénédictions du pauvre, auxquelles s'adjoignent inséparablement les bénédictions du Seigneur.

Mais il ne réside pas longtemps auprès des hôtes illustres qui l'ont adopté, sans découvrir une mine plus riche de mérites à acquérir et d'œuvres admirables de compassion à exercer. Il s'est aperçu, en s'introduisant au fond des cachots où languissent les infortunés qu'une sévère sentence destine à porter, avec le lourd fardeau des chaînes, le poids accablant des travaux les plus durs, qu'une insensibilité farouche ajoute aux peines portées contre eux par la justice, un inutile surcroît de criminelles rigueurs. Il en frémit, il y porte un prompt et efficace remède. Mais bientôt, récompensé de ses premiers efforts par le titre honorable d'Aumônier-général des galères de France, que le Prince lui confère, il se voit plus à l'aise pour satisfaire la passion du bien qui le dévore et le consume. Il court, il vole à Marseille, où les forçats sont entassés sur les navires; il s'y élance comme vers un trésor avidement convoité par sa sainte ambition. O douleur! ô spectacle déchirant et cruel! Sont-ce des hommes qui se présentent à ses regards? Les traits défigurés de notre nature apparaissent encore ici, il est vrai; mais ces membres chargés de fers et couverts de lambeaux dégoûtants, ces yeux hagards, ces visages repoussants et heurtés, ces cris de désespoir, ces blasphèmes effroyables, ces vils aliments jetés à terre, ces exhalaisons pestilentes, ces coups frappés avec un sang-froid barbare, et reçus au milieu des accès d'une rage qui se concentre, tout cela ne laisse-t-il pas douter si l'on est au milieu des nobles créatures que la Divinité a faites à son image? Ainsi Lucifer et les anges, complices de sa révolte insensée, conservent-ils au fond des abymes éternels les caractères informes de leur céleste origine. Mais ce qui faisait leur gloire, fait maintenant leur ignominie, et, tombés de si haut, leur chute n'est que plus profonde et leur abaissement plus affreux pour l'orgueil qui les a perdus. On dit que vivement affligé du sort de ces êtres coupables, Vincent poussa l'héroïsme de la charité jusqu'à prendre la place d'un jeune père de famille, dont il voyait la désolation montée à son comble, et que, pendant plusieurs semaines, l'innocence, victime et caution volontaire, paya la dette du crime, et porta ses liens qu'elle avait furtivement usurpés. N'affirmons point, M. F., ce qui n'est pas entièrement certain. Quand on ne peut suffire aux louanges incontestables, serait-il judicieux de s'arrêter à des faits contestés?

Vincent de Paul se représentait intérieurement le Sauveur, dans la personne des malheureux qu'il contemplait livrés à la captivité. Il roulait dans son esprit, en les considérant, que, chargé des iniquités de l'univers, Jésus-Christ fut aussi captif, et que c'est lui-même, l'Évangile nous l'apprend, qu'on rencontre dans les prisons, lorsqu'on y porte ses pas, pour s'attendrir sur les infortunés qu'elles renferment. Rempli de ce sentiment religieux, le Saint épuise tous les moyens que sa tendresse lui suggère, pour rendre plus supportable une condition qu'assiégent toutes les calamités à la fois. Par lui, la propreté chasse la contagion; au pain des larmes sont ajoutés des mets moins grossiers qui lui rendent quelque saveur; l'âpre froidure n'a plus tant de prise sur des membres que réchauffent des vêtements solides; des gardiens impitoyables sont ramenés à des sentiments moins féroces; l'humanité outragée respire, et même des rayons de contentement et de joie s'insinuent dans le séjour de l'asservissement, où ils n'avaient jamais pénétré. Les malades — quelle horreur! — on les déposait auparavant sur une même paille infecte, comme pour hâter leur trépas trop lent, par la communication de leurs maux. Vincent n'a point de repos qu'il ne les ait retirés dans un asile salubre, où l'on se souvient du moins qu'ils appartiennent à notre espèce, et qu'ils sont marqués encore du sceau indélébile que Dieu grava sur leur front en les tirant du néant. Louis XIV, dont le nom rappelle le siècle de toutes les gloires, dota, depuis, avec une magnificence digne de lui, ce lieu de refuge ouvert à la portion la plus à plaindre du genre humain, et trois cents lits, préparés par cette main bienfaisante et royale, ont à jamais assuré aux forçats le soulagement dans leurs infirmités.

Vincent de Paul pensait avec raison, que la Religion était seule capable d'apporter un véritable adoucissement à une destinée que l'on peut regarder comme le dernier degré du malheur. La Religion, cette fille du ciel, a des charmes supérieurs aux afflictions les plus cuisantes; il n'est point de douleur qui ne cède, avec le temps, devant la force victorieuse de ses consolations. C'est pourquoi le saint Aumônier s'appliquait, de tout son pouvoir, à la remettre en possession du cœur des ouailles, si dignes de pitié, dont il était devenu le pasteur. Que ne faisait-il pas pour conquérir à Jésus-Christ ces âmes flétries et ulcérées par les mauvais traitements, envieillies dans le vice, et, pour ainsi dire, inaccessibles aux remords? Il pressait les forçats contre son sein, il brisait leurs fers, il se jetait à leurs genoux, leur adressait d'onctueuses paroles, se rendait ingénieux et souple à capter leur bienveillance et à se concilier leur amour. Le bronze se serait amolli à la chaleur brûlante de ses exhortations. Aussi, rien ne pouvait résister à cette touchante éloquence. Domptés par elle, les patients de la justice humaine demandaient, à grands cris, pardon à la justice divine; ils se résignaient aux supplices de la terre pour éviter ceux de l'autre vie; ils bénissaient presque leur sort, quand le repentir et la grâce, surpris de se rencontrer dans les bagnes, venaient leur apporter la liberté de l'âme, au milieu des gênes et de l'esclavage du corps.

Il faut de l'ordre dans la charité. Celle de Vincent de Paul n'était pas moins prudente, que vive et affectueuse. Il ne voulait pas que les bienfaits et les dons fussent dispensés au hasard et sans discernement. Afin de les répartir avec intelligence, il institua des associations pieuses, qui toutes tirèrent leur nom de la vertu sublime à laquelle elles s'étaient dévouées. Ce fut d'abord la confrérie de la charité, qui, de la paroisse de Châtillon, où le Saint l'avait premièrement établie, se répandit dans toute la France. Ce fut, depuis, l'assemblée des dames de charité, qui se composa de tout ce que le royaume connaissait de plus distingué, dans les hautes conditions du monde. Lamoignon, Fouquet, d'Aligre, Goussault, Pollalion, Traversai, Marillac, et vous, nièce incomparable du plus grand des ministres, d'Aiguillon (8), qui, placée à la source des grâces, ne sûtes jamais y puiser qu'en faveur des malheureux, vous accouriez avec une sainte joie prendre séance à ces réunions, où l'homme de Dieu vous appelait, au nom de Jésus-Christ. Dans ce sénat de la miséricorde, on discutait les intérêts du pauvre, on s'appliquait à étendre les ressources, on s'imposait une part de la contribution sacrée, on veillait à son emploi et à sa destination : la générosité elle-même devenait entendue et précautionnée autant que l'avarice, dès qu'il s'agissait de ménager et de ne distribuer qu'à propos le trésor de l'indigence, qu'elle avait grossi à pleines mains. Mais, au sortir de ces longues et sérieuses délibérations, où vois-je se diriger ces femmes délicates ? Eh quoi ! c'est jusqu'au sommet de degrés étroits et rapides, c'est sous le toît des édifices, que les unes montent hors d'haleine, pour rechercher la détresse rougissant d'elle-même et mourant de froid et de faim, plutôt que de se montrer à la compassion. Tandis qu'elles glissent leurs aumônes, avec cette adresse et ces égards qui épargnent à une sensibilité ombrageuse la pudeur même de recevoir, d'autres abordant sans crainte les dépôts lugubres des infirmités humaines, comme pour faire hommage de leur grandeur à la souffrance et à l'humiliation, s'approchent avec respect du lit des malades, leur rendent de rebutants services, les encouragent et se font un délicieux plaisir de leur procurer mille douceurs dérobées à la sensualité. Que si la mort paraît menacer ses victimes, alors elles entrent en partage de notre sacerdoce. D'une voix animée et pénétrante, elles rappellent les grandes vérités de la foi, préparent à une fidèle confession des fautes, racontent les tourments et la clémence du Sauveur, excitent à la confiance et à un saint abandon, ne quittent l'objet de leur sollicitude, qu'après qu'elles lui ont vu exhaler son âme, dans la paix du Seigneur, et que, lui ayant fermé la paupière, elles peuvent, en regagnant leur demeure, emporter le précieux témoignage qu'elles ont introduit une brebis de plus dans la félicité de l'éternelle bergerie. La joie de leur cœur est extrême, au retour de ces excursions charitables; elles ne peuvent assez bénir le saint prêtre qui leur a appris à échanger, contre les fades et ennuyeuses jouissances de la mollesse et de la volupté, le bonheur de se sentir utiles dans ce monde, et de mouiller leur front de quelques sueurs, pour Jésus-Christ et pour l'humanité.

C'est avec le concours de ces illustres dames, dont les âmes sont à la hauteur de la sienne, que Vincent de Paul commence et consomme avec gloire une entreprise où l'opulence et le pouvoir des rois ont, plus d'une fois, échoué. D'affreuses misères, des misères de tout genre, se trouvent, dans le sein de la capitale, à côté du faste et du luxe, des ris, des jeux et de la volupté qui leur insultent. Si l'on pouvait les soustraire au supplice de cet irritant contraste, et les mettre à l'abri dans une commune et vaste retraite! Cette conception est généreuse, mais elle est gigantesque ; la raison s'en détourne comme d'une sublime et impraticable chimère. Eh bien ! un humble prêtre, un homme qui n'a pour héritage que la pauvreté et le dénuement, va la réaliser. Venez, venez en foule, vous tous qui souffrez, à quelque titre que ce soit; vous qui n'avez pas où reposer la tête, et dont la subsistance quotidienne est à la merci de la pitié publique; vous dont les hasardeuses spéculations, ou d'autres causes moins excusables, ont ruiné le commerce et renversé le crédit; jeunes personnes que l'inexpérience et la légèreté, plutôt que le goût du crime, ont précipitées dans le déshonneur et dans les larmes; pauvres aliénés, rebut du genre humain, auquel vous ne paraissez plus appartenir que par la ressemblance physique, venez, dis-je, accourez à Vincent de Paul : votre nombre, quelque étonnant qu'il soit, ne déconcertera point sa charité prévoyante. Les murs de votre habitation nouvelle s'élargiront, comme par miracle, et cimentés avec une solidité indestructible, continueront d'offrir, après vous, leur enceinte hospitalière aux infortunés à venir.

Le magnifique monument de l'hôpital-général aurait suffi pour honorer la mémoire d'un grand prince; il n'est qu'un incident dans la vie de Vincent de Paul. Le Saint se joue avec les merveilles, les succès lui semblent acquis. il court de triomphe en triomphe. Ici, quarante vieillards lui doivent, à perpétuité, le repos de leurs derniers jours et les égards respectueux dont on environne leurs cheveux blancs. Ailleurs, plus de quatre cents malades et plus de deux mille pélerins indigents sont accueillis, chaque année, et trouvent, les uns le traitement de leurs maux, les autres le délassement de leurs fatigues, dans la maison de Sainte-Reine, que la Bourgogne a vu s'élever et s'enrichir sous ses auspices. Les filles de la Providence, les filles Orphelines, celles de l'Union chrétienne, de la Propagation de la foi, de la Madeleine, de la Croix, de Sainte-Geneviève, recourent à lui, comme à leur protecteur et à leur guide assuré; il fonde ou il répare, il règle ou il consolide leurs saintes et utiles institutions.

Mais tant d'œuvres si belles s'effacent et disparaissent devant une œuvre plus belle encore et plus digne d'admiration.

Il est, chrétiens, une passion funeste, que le penchant corrompu de la nature, l'attrait de séductions infinies, les prétextes spécieux qui l'excusent, les noms trompeurs dont on la décore, rendent plus dangereuse et plus fatale que toutes les autres à la jeunesse ardente et inconsidérée. Que de ravages, hélas! la volupté n'exerce-t-elle pas dans ses rangs? et avec quelle fureur surtout elle attaque ce sexe fragile, sur lequel elle espère remporter de plus faciles victoires! Mais l'ignominie marche à la suite des courtes et brutales jouissances qu'elle fait naître, et quand le crime a produit ses tristes fruits, il s'empresse de les rejeter pour se dérober à la honte. Malheureuses qui êtes devenues mères, contre la loi de la religion et contre les règles les plus sacrées de la société, faut-il encore que vous deveniez barbares? A peine jouit-il de la lumière du jour, vous repoussez le fils de vos entrailles! Ni ses cris douloureux, ni ses caresses innocentes, ni son premier sourire ne vous arrachent une seule larme! Qu'on l'enlève! Qu'on l'emporte! Qu'il meure ou qu'il vive loin de moi! C'est l'exécrable vœu de votre maternité farouche. Grand Dieu, le vice a-t-il donc tant de force qu'il puisse étouffer dans les cœurs les sentiments les plus profonds et les plus doux? Se peut-il qu'il rende des êtres ordinairement sensibles, plus durs que la lionne des forêts, plus cruels que la sauvage compagne du tigre?

Dans le temps de Vincent de Paul, lorsque personne encore ne s'occupait du sort des enfants ainsi délaissés, on les rencontrait exposés à la porte des temples, sur le seuil des maisons, au milieu des places publiques. Là, ils expiraient de besoin, ou bien, enlevés par la cupidité, ils étaient vendus comme les petits de la brute, et servaient à de révoltants usages. O malheur irréparable! ils mouraient, pour la plupart, sans avoir été plongés dans l'onde de la régénération, perdant à la fois les deux vies pour lesquelles Dieu les avait créés. Tu existes, ô Vincent, de tels maux ne sauraient exister en même temps que toi. Que l'impie ferme sa bouche impure, qu'il cesse de blasphémer contre la Providence, qu'il ne se vante plus de l'avoir surprise en défaut. La voilà qui se venge noblement de ses insolentes clameurs, par les mains de son fidèle ministre. Celui-ci s'est senti inspiré de se faire le sauveur de ces débiles créatures, que tant de motifs recommandent à sa charité la plus tendre : nul obstacle ne pourra suspendre ses efforts, nulle difficulté paralyser ses desseins. Les zélées coadjutrices de ses travaux entrent d'abord dans ses vues, elles font un premier essai qui réussit, finissent par se charger du fardeau tout entier, et le supportent en s'imposant des sacrifices inouis. Néanmoins, si la charge excède incomparablement leurs forces, quel que soit leur courage, pourront-elles s'empêcher de succomber sous son poids? Tout a ses bornes sur la terre, et puisque Dieu laisse bien s'y perpétuer des misères qu'il pourrait si aisément dissiper, l'homme, dans sa faiblesse, aura-t-il la prétention de les faire entièrement disparaître? Telles sont les pensées auxquelles on s'abandonne peu à peu, tels les discours que la lassitude et l'accablement suggèrent. O Vincent, Vincent, excite ta propre ardeur, et viens en hâte la communiquer. Ne vois-tu pas que le moment est critique, que la raison, si on la consulte, est contre toi, que ton œuvre va nécessairement périr? On s'assemble, on écoute les avis; ils vont tous à supprimer des dépenses qu'il n'est plus possible de soutenir. Alors, saisi sans doute par l'Esprit-Saint : « Or sus, Mesdames, s'écrie le saint » prêtre, la compassion et la charité vous ont fait adopter » ces petites créatures pour vos enfants; vous avez été » leurs mères, selon la grâce, depuis que leurs mères, » selon la nature, les ont abandonnés; voyez maintenant

» si vous voulez les abandonner aussi. Cessez d'être leurs » mères, pour devenir leurs juges; leur vie et leur mort » sont entre vos mains. Je vais prendre les voix, il est » temps de prononcer leur arrêt, et de savoir si vous ne » voulez plus avoir de miséricorde pour eux. Ils vivront, » si vous continuez d'en prendre un charitable soin; au » contraire, ils périront infailliblement, si vous les dé» laissez; l'expérience ne vous permet pas d'en douter. » Ils vivront! ils vivront! Tu as vaincu, éloquent avocat de l'infortune et de l'enfance. Entends ce murmure approbateur qui éclate, au milieu des larmes, entends. On se reproche l'hésitation même que ta divine allocution a fixée, et fallût-il opérer des miracles, on n'oubliera plus désormais que la foi les opère, au besoin, et dispose à son gré du ciel et de la terre.

Tant de prodiges, M. F., ont passé, jusqu'à ce moment, sous vos yeux, que votre admiration se lasse et s'épuise à les contempler. Cependant le spectacle s'agrandit, à chaque pas que nous faisons dans la carrière; il devient plus saisissant et plus vaste, à mesure que nous avançons vers le terme. Ce ne sont plus seulement des classes particulières de malheureux qui attirent la compassion de Vincent de Paul; des provinces, des peuples entiers vont maintenant se réfugier dans son sein, et trouver en ce sein paternel, des secours proportionnés à l'excès de leurs maux. Le duché de Lorraine, le Barrois, et, plus tard, la Champagne et la Picardie, sont en proie au fléau de la guerre, qu'accompagne le triste cortège de tous les fléaux conjurés.

Qui peindra les horreurs de leur situation? O toi, mélancolique prophète, « qui sais seul égaler les lamentations » aux calamités, (*) » Jérémie, prête-moi tes accents plaintifs, pour déplorer des afflictions et des misères, qui, pour la première fois, surpassent les misères et les afflictions du peuple et de la cité déicide. Les villes saccagées, les hameaux réduits en cendre, la contagion étendant ses ravages, les moissons foulées aux pieds, la faim brisant les forces, décharnant les visages, rendant communs, au milieu d'une nation de spectres féroces, des crimes qu'on n'ose nommer, et dont l'antiquité présente à peine quelques exemples, les ministres saints égorgés, les vestales chrétiennes perdant plus que la vie, l'autel et le tabernacle profanés, le Saint des Saints lui-même tombant au pouvoir de mains souillées de sang et fumantes de carnage........ Juste ciel! est-ce ainsi que tu châties les empires, quand ils ont comblé la mesure de leurs iniquités? Verses-tu donc sur eux tout le calice de ta fureur, et ne saurais-tu leur faire grâce d'une seule goutte de la liqueur vengeresse? Ah! si le Juste, si le Saint ne s'interposait entre toi et les coupables qui ont provoqué ton courroux, la terre ne pourrait soutenir les coups dont tu la frappes; elle périrait consumée par les feux de ton indignation. C'est Vincent qui se charge de lutter contre la colère du Seigneur, en faveur de la Lorraine et de nos contrées désolées. Ne lui opposez pas que la première est ennemie de la France :

(*) Bossuet, Oraisons funèbres.

lorsqu'on souffre et qu'on gémit, on est toujours ami de Vincent. Homme de Dieu, d'où fais-tu donc sortir ces flots d'or qui se répandent en tous lieux, et pendant tant d'années? Quelle verge miraculeuse a ouvert, pour toi, cette veine sacrée, où tu prends sans relâche, et que tes saintes profusions ne peuvent tarir? Semblables à ces esprits célestes qu'une adorable bonté envoie sur la terre, pour consoler et pour protéger les mortels, au milieu des périls qu'ils courent et des peines qu'ils endurent, tes enfants se précipitent vers le théâtre des infortunes. Nulle bonne œuvre n'échappe à leur charité et à leur zèle : ils apaisent la faim, ils pansent les blessures, ils relèvent les chaumières, abritent la pudeur, purifient le sanctuaire, rétablissent le culte, sauvent de la mort d'immenses populations, et plus de dix printemps successifs les retrouvent occupés de ces admirables travaux. Encore, Vincent ne peut-il se contenter de tant d'efforts. Tandis que la Lorraine absorbe, à elle seule, des sommes effrayantes, d'autres provinces malheureuses reçoivent aussi les riches tributs de sa libéralité; il subvient, dans la capitale, aux nécessités des étrangers fugitifs que sa réputation amène en foule dans ses bras; les servantes du Seigneur chassées de leurs asiles, les soldats de la patrie délaissés par elle, les catholiques d'Irlande qui se dérobent aux persécutions de l'erreur, tous ensemble, et sans distinction, sont admis à partager ses bienfaits.

Que Dieu préserve les peuples de la fureur des discordes civiles! Que jamais le citoyen ne courre aux armes contre le citoyen ! Hélas ! trop de sang et de larmes coulent, au milieu de ces dissensions intestines, et les haines fraternelles sont les plus dangereuses de toutes. Le siècle de Vincent de Paul ne fut pas exempt de ces tempêtes furieuses, qui, désastreuses pour tous, causent encore des dommages plus sensibles à la multitude, sur qui retombe toujours, en dernier lieu, le poids des douleurs et des adversités de l'Etat. La Fronde avait mis le royaume à deux doigts de sa perte. Ne retraçons point ici ses bizarres vicissitudes ; ce qui seul nous intéresse, c'est la part qu'y a prise notre Saint. Etranger aux passions des divers partis, mais fidèle à son prince et à la cause des malheureux, il a le courage, pour étouffer l'anarchie, de demander à l'autorité souveraine une démarche pénible, et de conjurer le ministre (*) qui sert de prétexte à des troubles fomentés par l'ambition, de se jeter à la mer, et, nouveau Jonas, d'apaiser les orages par le sacrifice de sa dignité. La politique n'agrée pas ses propositions et ses vues. Eh bien, il reviendra à ses armes ordinaires, pour combattre la misère générale, que l'acharnement des factions a portée à son comble. Vous qu'il invite à seconder ses généreux desseins, et de qui il réclame sans cesse de nouvelles largesses, ne murmurez point contre l'importunité de ses actives sollicitations ; car il vous précède toujours dans la voie qu'il vous appelle à parcourir, et ce qu'il donne, il le ravit à ses besoins les plus impérieux. Pour se procurer des épargnes

(*) Le Cardinal Mazarin.

utiles à ses frères, il n'hésite pas à se réduire, lui et les siens, à manger un pain si vil, que l'animal domestique en détournerait les yeux. Il fait plus, il emprunte, il se charge de dettes, sa maison se transforme en une hôtellerie commune, où chacun vient chercher une subsistance que le riche même ne peut plus se procurer, au prix de l'or. Cependant il n'oublie pas des milliers de malades dont il soigne les infirmités; il met à couvert l'honneur de huit cents jeunes personnes du sexe; il envoie la nourriture à des villages submergés dont il devine la détresse; il fait tous ces biens..... et, comme son divin Maître, il est outragé par la calomnie, et payé de la plus noire ingratitude. Heureux de n'avoir point cherché son salaire en ce monde, et d'avoir attendu, d'un juge plus équitable, la récompense de sa miraculeuse charité.

Vincent de Paul, M. F., n'a-t-il pas assez travaillé pour l'humanité ? Manque-t-il quelque chose à la perfection de ses œuvres ? Peut-on pousser plus loin l'attention, la sollicitude, la prévoyance pour le soulagement des maux si nombreux auxquels notre calamiteuse nature est ici-bas livrée ? Ah ! l'imagination même, si on lui eût donné carrière, n'aurait pas atteint aux merveilles que nous avons racontées, et il fallait notre héros inimitable pour passer outre et s'élever plus haut. Construisez des édifices, amassez des revenus immenses, dressez des couches commodes pour le pauvre et pour le malade, si vous n'avez que des bras mercenaires pour servir les objets de votre bienfaisante compassion, hélas ! qu'ils sont à plaindre, et combien peu, en vous épuisant, vous avez fait pour leur bonheur ! Ne remarquez-vous pas la répugnance affreuse avec laquelle on les aborde, le ton chagrin sur lequel on leur parle, comme on leur jette les aliments et les secours, plutôt qu'on ne les leur présente ? Si leurs infirmités sont assujettissantes, n'est-ce pas une occasion de reproche et de perpétuelle humeur ? Et s'impose-t-on une grande retenue, pour leur donner à comprendre qu'on désire avec ardeur leur prompte descente au tombeau, et la délivrance d'une tâche aussi dégoûtante que pénible ? Non, non, ne comptez point sur l'or pour acheter les égards dus aux afflictions humaines. Ne faites pas même trop de fond sur la sensibilité naturelle ; elle n'est pas non plus de fatigue contre des misères sans cesse renaissantes et propres, en tant de manières, à l'effaroucher. La religion, la religion toute seule sait inspirer la constance qui ne se dément point, au milieu d'occupations dont les sens ont horreur, et dont le cœur lui-même est vivement blessé. Vincent de Paul l'a observé souvent, et souvent il a médité les moyens de confier la douleur et la maladie à la surveillance et à la direction de la piété chrétienne. Une veuve d'un rang distingué, la vénérable Legras, formée par lui aux vertus les plus courageuses, se présente pour se consacrer la première à l'humble ministère de servante des pauvres. O puissance d'un si bel exemple ! Les personnes du sexe se sentent attirées à le suivre, et, en peu de temps, une troupe de vierges généreuses jette les fondements de cette Congrégation des Filles de la Charité, dont nos éloges n'exprimeront jamais les mérites et la gloire. Filles de la Charité ! que ce nom leur appartient à bon droit, puisqu'il n'est pas une seule action charitable qui ne soit du ressort de leur touchante vocation ! Elles servent de mère à l'orphelin abandonné ; l'enfant reçoit d'elles l'éducation chrétienne ; elles consolent, elles soignent le criminel qui subit sa peine sur les galères ; l'infortuné qui ne jouit plus des facultés de l'âme et que des transports frénétiques rendent quelquefois si redoutable, s'apprivoise à leur douce voix, et cédant à l'assiduité de leurs soins délicats, suspend, en leur présence, les accès de sa rage. Mais c'est surtout dans les hôpitaux, dans ces tristes demeures de la souffrance physique, unie presque toujours à la souffrance morale, que se déploient leur zèle et leur tendresse industrieuse. Chrétiens, je vous le demande, quel cœur ne serait attendri, à la vue de ces héroïnes, qui foulant aux pieds la jeunesse, l'hymen, les plaisirs, souvent même la beauté, les talents, la naissance, s'arrachent du sein de la maison paternelle, pour se reléguer à jamais, au milieu des cris plaintifs, des gémissements douloureux, des maux infects et des horreurs de la mort. C'est là pourtant qu'on les rencontre, la modestie sur le front et le contentement dans les traits, l'air aisé, la contenance calme, remplissant des fonctions qui soulèvent et épouvantent la nature. O pauvres, ô membres affligés et précieux du Sauveur, vous n'êtes pas à leurs yeux, comme à ceux du dur égoïsme, la lie de l'espèce humaine et la balayure de la terre. Guidées par les leçons de Vincent de Paul, elles ne vous traitent pas avec moins de révérence et d'amour, que l'Homme-Dieu qu'elles adorent, et dont vous leur présentez la vive et vénérable image. Aussi, pour la plupart, de quel juste retour, vous usez envers vos célestes bienfaitrices ! Conduit souvent au chevet de vos lits par des devoirs sacrés (*), mille fois, au milieu de vos dernières confidences, j'ai reçu l'expression de la gratitude profonde que vous emportiez pour elles dans le tombeau, et j'ai lu, j'ai lu ces mots gravés sur les murailles, par la main de nos guerriers reconnaissants : « Respect, » honneur éternel aux anges de Charité, qui ont cicatrisé » nos blessures, et ranimé dans nos veines un sang que » nous offrons de nouveau à la patrie. »

L'humanité, M. F., réclamait à grands cris, le permanent séjour de Vincent sur la terre. Les cœurs qui se dévouent à son bonheur sont si rares ! et tant de larmes à essuyer coulent incessamment de ses yeux ! Mais il était temps que le juste Juge décernât une couronne que soixante ans de travaux glorieux avaient surabondamment méritée. Après une vie de près d'un siècle, plus rempli de bonnes œuvres encore que de jours, tranquille au milieu des douleurs de la mort, et n'abandonnant le combat qu'au moment d'être ceint des lauriers de la victoire, le grand Vincent de Paul laissa échapper son âme et s'envola dans le sein de la Divinité.

Ici, chrétiens, les réflexions abondent et je me sens vivement pressé par l'envie de comparer le héros de la charité

(*) L'auteur a desservi, pendant dix ans, en qualité de chapelain, l'Hôtel-Dieu de Nogent-le-Rotrou.

*

chrétienne, au héros prétendu de la bienfaisance philosophique. Mais non, point de parallèle qui ressemble à une contestation! Que les louanges de notre saint ne soient pas même troublées par l'apparence de la dispute! Les faits parlent si haut, leur langage est si magnifique, qu'auprès d'eux, nos faibles paroles ne pourraient que languir. Ah! plutôt tournons, en finissant, nos regards sur un spectacle que mon imagination enchantée contemple quelquefois avec ravissement. J'aime à me figurer, M. F., Vincent de Paul, au grand jour de la manifestation des consciences, s'avançant d'un pas assuré vers ce souverain tribunal, où se distribuent les sentences de vie et de mort éternelle. O Dieu! quelle est sa gloire et quel cortège l'entoure! D'innombrables créatures innocentes qu'il a délivrées de la faute originelle, le précèdent en montrant avec une sainte allégresse le vêtement sans tache qu'elles doivent à sa sollicitude. Les galériens font retentir les chaînes qu'il les aida à porter. Plus multipliés que les sables de la mer et que les étoiles du firmament, les malheureux de toute condition dont il soulagea les maux, le saluent de leurs acclamations joyeuses et remplissent l'air des doux noms de père et de sauveur qu'ils lui adressent. Des milliers de vierges pures, de charitables veuves, de prêtres vénérables, de pasteurs et de pontifes sacrés, dont il dirigea les pas, fit éclore et encouragea les vertus, l'environnent de plus près et se plaisent à embellir son triomphe. Jésus, le trois fois saint et bien-aimé Jésus, les larmes de la tendresse dans les yeux. la face resplendissante de majesté et de douceur, lui tend les bras, du haut de son trône, et s'écrie, en recevant ses hommages : « Viens, oh! viens, » le béni de mon Père ! nul plus que toi, n'a revêtu ma » nudité, n'a allégé mes fers, n'a apaisé ma faim ; prends » place à mes côtés, et non loin de ma mère : le ciel n'a » point de siège si brillant où tu n'aies le droit de t'as- » seoir. »

Puisse, chrétiens, l'imitation des vertus de Vincent de Paul nous obtenir un semblable accueil et nous associer à ses joies éternelles.

Ainsi-soit-il.

NOTES.

(1)

Pierre, cardinal de Bérulle, né le 4 février 1575, au château de Sérilly, en Champagne, d'une famille ancienne et considérable dans la robe, fut un des personnages les plus illustres du seizième siècle. Ecrivain, homme d'État, négociateur, fondateur de congrégation, et par dessus tout, saint jusqu'à faire des miracles, il a mérité que saint François de Sales dît en parlant de lui : « Il est tout tel que je saurais » désirer d'être moi-même ; je n'ai guère vu d'esprit qui me revienne » comme celui-là, ains je n'en ai pas vu ni rencontré ; (*) » et que Bossuet l'appelât, dans une de ses plus magnifiques oraisons funèbres : « le grand Pierre de Bérulle. » Il refusa plusieurs évêchés auxquels les rois Henri IV et Louis XIII voulurent le nommer, et lorsque, pour récompense des immenses services qu'il avait rendus à la religion, au royaume et à la famille royale, il fut créé cardinal par Urbain VIII, le Pape et le Roi furent obligés de le contraindre par des commandements exprès, de se laisser relever du vœu qu'il avait fait de ne jamais accepter aucune dignité ecclésiastique. Bérulle travailla longtemps à la conversion des protestants, et il eut part à la célèbre conférence qui se tint entre du Perron et le fameux Duplessis-Mornay, à l'époque où Henri IV songea à rentrer dans le sein de l'Eglise catholique. Il avait pour cette sorte de ministère un talent particulier, unissant à la science de la controverse, une douceur insinuante et persuasive, qui lui conciliait les esprits et les cœurs, et qui assurait le

(*) Epit. XLVII.

succès de ses efforts. Jaloux de procurer à la France des monastères du saint Ordre des Carmélites réformées, il alla en Espagne, d'où il ramena, malgré la vive opposition des P. P. Carmes, plusieurs religieuses de cette nation, entre autres la mère Anne de Jésus, l'une des disciples les plus chéries de sainte Thérèse. Durant ce voyage, où il déploya une dextérité et une force d'âme qui l'eussent, disait-on, fait aimer beaucoup de la réformatrice du Carmel, si elle eût encore vécu, il fut évidemment protégé par la Providence, et arraché miraculeusement à des dangers où il aurait dû périr. Traversant, un jour, un pont très-étroit, l'une des roues de la voiture demeura, pendant un trajet assez long, suspendue au-dessus de l'eau, tandis que l'autre roulait, seule appuyée sur le terrain. Lorsqu'un certain nombre de couvents furent établis, après des obstacles de toute sorte, les PP. Carmes, qui d'abord s'étaient montrés si opposés à leur érection, vinrent, à leur tour, se fixer en France, et disputèrent à MM. de Bérulle, du Val et Gallemant, la direction spirituelle des religieuses, que le Souverain Pontife leur avait confiée ; ils suscitèrent même une espèce de schisme qui pouvait amener la ruine totale de l'Œuvre. Mais M. de Bérulle soutint si bien ses droits, d'accord avec la bienheureuse Mme Acarie, que l'Église a, depuis, placée sur les autels, qu'il l'emporta sur ses concurrents ; en sorte qu'à partir de cette époque, les Carmélites françaises sont toujours demeurées sous la conduite du clergé séculier. Il est remarquable que, dans cette contestation, saint François de Sales se déclara hautement du parti de celui-ci, et cela, pour favoriser la liberté de conscience, qui se trouvait ainsi, selon lui, mieux assurée.

Une autre grande entreprise, à laquelle le saint évêque de Genève avait aussi pensé pour son propre compte, mais qu'il vit avec bonheur réalisée par M. de Bérulle, fut l'établissement de la Congrégation des prêtres de l'Oratoire, faite sur le modèle de celle de saint Philippe de Néri, en Italie, quoique avec des différences qui la distinguent. Le Pape Paul V approuva ce nouvel Institut, qui se répandit bientôt par toute la France, où il s'occupa principalement de l'éducation de la jeunesse, dans les colléges et les séminaires. On ne peut assurément en faire un plus bel éloge, qu'en citant ce que Bossuet en dit, dans l'oraison funèbre du P. Bourgoing, troisième général de la société. « En ce temps-là, Pierre de Bérulle, homme vraiment illustre et re» commandable, à la dignité duquel j'ose dire que même la pourpre » romaine n'a rien ajouté, tant il était déjà relevé par le mérite de sa » vertu et de sa science, commençait à faire luire à toute l'Église gal» licane les lumières les plus pures du sacerdoce chrétien et de la vie » ecclésiastique. Son amour immense pour l'Église lui inspira le des» sein de former une compagnie à laquelle il n'a point voulu donner » d'autre esprit que l'esprit même de l'Église, ni d'autre règle que ses » canons, ni d'autres supérieurs que ses évêques, ni d'autres liens » que sa charité, ni d'autres vœux solennels que ceux du baptême et » du sacerdoce. Là, une sainte liberté fait un saint engagement ; on » obéit sans dépendre ; on gouverne sans commander ; toute l'autorité » est dans la douceur, et le respect s'entretient sans le secours de la » crainte. » Les débuts de l'Ordre furent magnifiques ; il produisit une foule de saints personnages, des orateurs éloquents (Massillon fut l'un d'eux), des écrivains, des professeurs renommés. Mais le Jansénisme qui s'y glissa, l'infecta peu à peu, quoi qu'il soit pourtant vrai de dire que la plus grande partie de ses membres restèrent fidèles à la saine doctrine ; la décadence alla toujours croissant, et à l'époque de la Révolution française, on vit avec effroi un nombre considérable de prêtres jureurs et parjures à leur vœu de continence, on vit jusqu'à des régicides sortir de son sein ; tant il est vrai que le naufrage de la foi amène presque toujours celui des mœurs, et qu'en mettant le pied dans le sentier de l'erreur, on s'expose à le mettre plus tard dans celui du crime. Disons aussi qu'une règle comme celle dont Bossuet vient de nous vanter l'excessive modération et douceur, serait peut-être plutôt propre à des anges qu'à des hommes, et qu'elle ne paraît guère de nature à résister à l'action du temps et des passions. En tout, il faut se défier d'un certain beau idéal, qui n'est pas fait pour ce monde corrompu que nous habitons.

Le fondateur de l'Oratoire prit part aux affaires politiques de son temps, et il y fut mêlé d'une manière très-étroite, comme il arrivait souvent aux ecclésiastiques, dans le siècle où il vécut. L'esprit de foi qui régnait alors dans toutes les classes, inspirait une grande confiance en la direction des prêtres, même pour ce qui concernait les choses temporelles, et, après tout, l'histoire atteste que, lorsqu'ils ont mis la main au gouvernement de l'Etat, la France ne s'en est pas trop mal trouvée. Chef du Conseil de Marie de Médicis, Bérulle s'entremit entre cette princesse et Louis XIII, son fils, pour les réconcilier, et pour arrêter ainsi dans leur source, les malheurs de la guerre civile ; véritable ange de paix au milieu d'une famille, où tant de gens ne cherchaient qu'à semer la division et les querelles, dans l'intérêt de leur ambition. La paix de Mouçon entre la France et l'Espagne, fut aussi le fruit de ses négociations; il employa deux ans entiers pour la procurer. Mais deux mois lui suffirent pour obtenir, à Rome, la dispense nécessaire au mariage entre Henriette de France et le prince de Galles, depuis Charles Ier. Une fermeté habile et qui n'excluait pas la souplesse, le fit triompher promptement des lenteurs proverbiales de cette Cour, où l'on marche moins vîte pour marcher plus sûrement. Enfin, lorsque Louis XIII et son premier ministre partirent pour la guerre d'Italie, Bérulle entra au Conseil et fut fait Ministre d'État par la reine-mère, régente du royaume. Cette élévation ne contribua pas à lui concilier les bonnes grâces de Richelieu qui, doué au plus haut point des qualités qui font les grands hommes, n'était pas néanmoins exempt de certaines faiblesses de notre nature, et craignait de rencontrer, tôt ou tard, un rival, dans celui dont les talents et la capacité lui portaient ombrage.

L'ambition n'entra pourtant jamais dans l'âme de Bérulle; servir l'Eglise et son pays, suivant les occasions que lui en présenta la Providence, ce fut l'unique passion de son cœur, et si en 1627, il fut créé Cardinal, ainsi que nous l'avons déjà dit, ce fut malgré la plus sincère résistance de sa part. Placé au sommet de la hiérarchie ecclésiastique, il n'en resta pas moins humble, modeste, presque pauvre, et il ne profita du crédit attaché à sa position, que pour travailler plus efficacement à l'accroissement de la gloire de Dieu et au salut des âmes. Les fatigues et les austérités l'épuisèrent, et il mourut subitement, le 2 octobre 1629, à l'âge peu avancé de cinquante-quatre ans. Il était à l'autel, et il prononçait les paroles de l'oblation du Saint-Sacrifice, lorsqu'il fut frappé d'apoplexie foudroyante. Une gravure placée à la tête de sa vie, le représente dans cette situation ; on a mis en bas ces mots de l'Apôtre qui s'appliquent si bien à un tel trépas :

« *Sed et si immolor, suprà sacrificium.* (*) »

Bérulle a laissé un assez grand nombre de traités, les uns relatifs à la controverse, les autres à la spiritualité. Dans ceux-ci il règne une mysticité un peu obscure et tirée de loin, comme dans la plupart des livres de ce genre, écrits à cette époque (ceux de saint François de Sales toutefois exceptés). La foi, si vive alors, poussait les esprits dans cette voie ; cet excès de bien n'est pas à craindre aujourd'hui. Quand je parle, au reste, du mysticisme des livres de Bérulle, il ne faut entendre ni le Quiétisme, ni autres erreurs semblables, dont il fut un redoutable adversaire.

(2)

Charles de Condren, né au village de Vaubière, diocèse de Soissons, d'un gouverneur du château de Monceaux, avait été destiné aux armes, par son père, qui voulait faire retomber sur lui une partie de la faveur toute spéciale dont il jouissait auprès du bon roi Henri IV. Mais l'enfant se sentait si fortement attiré à l'état ecclésiastique, que rien ne put l'engager à prendre une autre vocation. Sorti avec applaudissement de son cours d'humanités, il étudia en Sorbonne, où il effaça tous ses condisciples, et où il fut appelé par ses maîtres eux-mêmes : « le trésor, le flambeau, l'ange de cette illustre école. » La carrière des honneurs s'ouvrit d'elle-même devant lui, quand il eut obtenu le titre de docteur en théologie ; dès-lors il n'y eut point de poste si élevé dans le sacerdoce, où il ne pût prétendre. Mais il méprisa tout pour entrer dans la Congrégation de l'Oratoire, que le Cardinal de Bérulle avait récemment instituée. On l'y reçut avec une joie extraordinaire, et le fondateur conçut pour son disciple une telle estime, qu'il le prit pour son directeur, et se fit gloire de lui obéir en tout, lui prodiguant ces marques de profonde vénération, qu'on ne donne qu'aux person-

(*) Philipp., ch. II, v. 17.

nages en qui on reconnait une sainteté évidente. Le père de Condren fut employé à étendre le nouvel Institut ; il fonda et régit plusieurs de ses maisons les plus importantes. Après la mort du cardinal de Bérulle, les suffrages unanimes de ses confrères l'établirent son successeur ; en vain son humilité chercha-t-elle plusieurs fois à déposer ce fardeau honorable, on le contraignit de le porter jusqu'à la fin de sa vie. Confesseur de Gaston, duc d'Orléans, il le réconcilia plusieurs fois avec son frère, le roi Louis XIII, et il empêcha que leurs brouilleries ne devinssent plus funestes à la France, quoiqu'elles n'aient pas laissé de lui causer de graves dommages. On ne put jamais l'engager à accepter aucune prélature ; il refusa avec un désintéressement inflexible, les archevêchés de Reims et de Lyon et le cardinalat lui-même. Il mourut le 7 janvier 1641, âgé de cinquante-deux ans. Condren jouit auprès de ses contemporains d'une si haute réputation, que sainte Chantal elle-même alla jusqu'à dire : « Il me semble que Dieu avait donné » François de Sales pour instruire les hommes ; mais qu'il a rendu le » le père de Condren capable d'instruire les anges. » Franchement nous rabattons de cet éloge, et nous croyons que la gloire de l'évêque de Genève brille d'un éclat dont n'approchera jamais, qu'à un long intervalle, celle du Général de l'Oratoire. Mais l'exagération même de l'Institutrice de la Visitation est une preuve de plus du mérite incontestable du père de Condren. Les Jansénistes ont cherché à s'emparer de sa mémoire, le père de Quesnel, en dénaturant un de ses écrits, qu'il a publié, et Tabaraud en écrivant son histoire, au point de vue de sa secte. Mais tous ces efforts n'ont pu entacher une vie vraiment sainte et par conséquent orthodoxe.

(3)

Nous reproduisons ici, sans y rien changer, la notice que nous avons publiée sur M. Olier, à la suite de l'Eloge de M. A.-F. Beulé.

Jean-Jacques Olier, fondateur et premier supérieur de Saint-Sulpice, naquit à Paris, en 1608, de Jacques Olier, Maître des requêtes. Il étudia en Sorbonne et se lia de bonne heure avec saint Vincent de Paul, Instituteur des prêtres de la Mission et des Filles de la Charité. Par son conseil, il entreprit des missions en Auvergne, lesquelles produisirent les fruits les plus abondants. Connu du Cardinal de Richelieu, à la gloire duquel il faut avouer qu'il aimait à mettre le vrai mérite en relief, il ne dépendit que de lui de devenir évêque de Châlons-sur-Marne. Il refusa ce poste brillant, se sentant appelé à un autre genre de ministère. L'œuvre des séminaires lui était à cœur. Après divers essais, dont l'un fut tenté dans notre ville de Chartres, il accepta la cure de Saint-Sulpice, comme un moyen d'arriver à son but principal, et, en effet, il réussit, peu de temps après, à jeter les fondements de cette Congrégation illustre, où la piété, la modestie, le désintéressement, la doctrine et l'orthodoxie la plus pure se sont constamment alliées, pendant plus de deux siècles, pour former les élèves du sanctuaire, et peupler l'Eglise de cette multitude de grands prélats et de saints pasteurs, qui en ont fait une Eglise admirée de l'univers entier. Il écrivit aussi plusieurs ouvrages ascétiques fort estimés de ceux qui s'appliquent aux choses de la vie spirituelle. Il n'avait que quarante-neuf ans, quand il mourut en 1657; mais on peut dire qu'il avait beaucoup vécu, puisqu'il avait acquis une grande sainteté, et fait, dans l'Église, une œuvre qui contribue d'une manière si éclatante et si fructueuse, au salut des âmes et à la gloire de Dieu. Fénélon a dit en parlant de cette œuvre : « Je ne connais rien de plus vénérable que » Saint-Sulpice. » (Lettre au Roi.) Tout prêtre français, tout prêtre catholique souscrira à ce bel éloge.

(4)

Adrien Bourdoise, né à Brou, diocèse de Chartres, le 1er juillet 1584, a été regardé, pendant sa vie et après sa mort, comme un des prêtres les plus vertueux et les plus zélés de son époque. Ami de saint Vincent de Paul, il travailla beaucoup à la réformation de la discipline ecclésiastique, se livra de toutes ses forces au ministère de la parole sainte, et propagea l'esprit d'association, en fondant, en 1618, le séminaire et la communauté des prêtres de Saint-Nicolas-du-Chardonnet; institutions si bien cimentées, qu'elles ont duré jusqu'à la Révolution française. Ce prêtre vénérable avait le caractère un peu excessif;

certains traits de sa vie annoncent en lui un esprit original et caustique; et sa figure, s'il faut en croire un portrait conservé, jusqu'à ce jour, dans la sacristie de l'Église de Brou, était passablement rébarbative. Mais Dieu qui ne lui avait pas donné précisément la même vocation qu'à saint Vincent de Paul ou à saint François de Sales, Dieu qui l'avait principalement destiné à combattre le relâchement du clergé et la mollesse du siècle, avait, si on me passe cette pensée et cette expression, accommodé son génie et sa personne à sa destinée particulière : pour atteindre son but, Bourdoise avait presque besoin de le dépasser. Il mourut en odeur de sainteté, le 19 juillet 1655. On a de lui un livre qui nous a paru assez singulier, et où il règne une rudesse et une certaine naïveté maligne, qui ne laisse pas d'être mordante.

(5)

Jean-François-Paul de Gondi, cardinal de Retz, est si connu par ses propres mémoires, et par une foule de notices biographiques dont il a fourni le sujet, que nous en dirons ici peu de chose. Il naquit à Montmirail, en 1614, et fut le deuxième fils de Philippe-Emmanuel de Gondi, Général des galères de France, et de Françoise-Marguerite de Silly, fille aînée du comte de la Rochepot, Gouverneur d'Anjou. Quand la piété n'est pas éclairée, elle peut faire commettre de grandes fautes. Le père de Paul de Gondi qui, après la mort de sa femme, s'était fait prêtre, et était entré dans la Congrégation de l'Oratoire, mû peut-être, sans trop s'en rendre compte, par la secrète ambition de ne pas laisser sortir de sa famille l'archevêché de Paris, mais se persuadant qu'il n'agissait que dans l'intérêt de son enfant, le força, dans l'espoir d'assurer mieux son salut éternel, de se consacrer à l'état ecclésiastique, malgré des répugnances affreuses, et quoique tous ses penchants s'opposassent à une telle vocation. Cette violence eut des suites lamentables, et, sans la bonté infinie de Dieu, qui prit pitié d'un homme qu'on avait ainsi écarté de sa véritable voie, il se fût perdu sans ressources. Déréglé dans ses mœurs, et plus fait pour commander une armée, que pour diriger un grand diocèse; mais en même temps, instruit, habile, éloquent, plein d'un sentiment de dignité qui ne quitte jamais les âmes naturellement élevées, il se résolut, en prenant possession de la Coadjutorerie de Paris, « de remplir scrupu» leusement tous ses devoirs extérieurs, et d'être tout aussi homme » de bien pour le salut des autres, qu'il pourrait être méchant pour » lui-même. » Tels sont les termes par lesquels il exprime une si étrange résolution, bien propre, selon nous, à le faire connaître. Il ne tarda pas à se jeter dans les troubles de la fronde, où il devint un chef de parti si redoutable, et où il joua un rôle si peu bienséant à un évêque, à un ministre de Jésus-Christ, quoiqu'il y déployât des talents prodigieux et des qualités admirables, dont on regrette vivement qu'il ait fait un usage si malheureux. Certes, son but n'était ni de renverser la monarchie, ni même précisément de saisir les rênes de l'Etat et de monter aux dignités, puisqu'il se rencontra telle conjoncture où il refusa tout-à-la-fois la pourpre de cardinal et le poste de premier ministre; mais il aimait les luttes, les hasards; il avait à cœur d'humilier Mazarin; il voulait se venger des railleries de la Régente; puis un premier faux pas en entraîne beaucoup d'autres, et une fois qu'on a posé le pied sur la pente glissante de la révolte, on va presque toujours plus loin qu'on n'avait d'abord résolu. Toujours est-il que celui qui soulève les passions populaires, qui ébranle l'autorité souveraine, qui souffle dans les cœurs le feu de la discorde civile, celui-là est criminel devant Dieu et devant les hommes, et que s'il est revêtu d'un caractère sacré, ce caractère ne sert qu'à rendre sa faute plus impardonnable et sa conduite plus digne de réprobation. Nous ne suivrons point le Coadjuteur à travers les vicissitudes de sa destinée, pendant les diverses phases de la fronde; il faut lire ces détails dans ses mémoires, où ils sont racontés avec un talent, une originalité, une verve, qui font de ce livre un des plus délicieux de de notre littérature nationale. Nous nous contenterons de dire, qu'après beaucoup de bruit, d'incidents, de périls, de déceptions, d'intrigues, qui n'allèrent pourtant jamais jusqu'à favoriser l'Anglais et l'Espagnol, au détriment de la France, le Coadjuteur, parvenu à toute peine au cardinalat, qu'il fut obligé de briguer, après l'avoir autrefois comme dédaigné, prépara lui-même le retour du Roi à Paris, et alla le premier au-devant du jeune monarque, qui ne lui sut qu'un gré médiocre de ce tardif hommage. Arrêté peu après, il s'échappa du château de Nantes, avec une résolution, ou plutôt une témérité conforme à son caractère, se retira à Rome, où il rétracta sa démission de l'archevêché de Paris, qu'on lui avait arrachée, et ayant enfin obtenu son retour dans sa patrie, se transforma tout-à-coup en un homme nouveau, et, à l'édification de tous, consacra le reste de ses jours à la pratique la plus sincère des vertus chrétiennes et cléricales. Pour payer les dettes énormes qu'il avait contractées, et qui se montaient au chiffre fabuleux, pour ce temps-là, de quatre millions, il n'hésita pas à se défaire de deux souverainetés qu'il possédait, se réservant à peine ving mille livres de rente. Bien plus, il fit, de son plein gré, le sacrifice de son diocèse, et, par humilité, essaya de renvoyer au pape le chapeau de cardinal, « voulant, à la fin, dit Bossuet, » quitter, comme trop chèrement achetée.... et comme peu capable » de contenter ses désirs.... une dignité qu'il s'était attirée en ébran- » lant l'univers. Tant il connut son erreur et le vide des grandeurs » humaines. (*)

La retraite du cardinal de Retz fut, pour ses contemporains, un plus grand sujet d'admiration, que la première partie de son existence, si turbulente, si remplie d'actions d'éclat, ne l'avait été d'étonnement et de scandale. « Ce qui est surprenant, dit le président Hénault, c'est » que cet homme, sur la fin de sa vie,.... devint doux, tranquille, » sans intrigue, et l'amour de tous les honnêtes gens de son temps; » comme si toute son ambition d'autrefois n'avait été qu'une débauche » d'esprit, et de ces tours de jeunesse dont on se corrige avec l'âge. » Ce n'est plus, comme on le voit, « cet homme... » que Bossuet nous représente « d'un caractère si haut, qu'on ne pouvait ni l'estimer, ni » le craindre, ni l'aimer, ni le haïr à demi. » La religion avait opéré sur cette riche nature, et le chef de la fronde avait sans doute médité le mot de Jésus-Christ : « Apprenez de moi à être doux et humble de » cœur .., et vous trouverez le repos de votre âme. » Saint Vincent de Paul n'avait jamais désespéré du salut de son élève; il disait quelquefois, en faisant remarquer tant de bien mêlé à tant de mal :

(*) Orais. funèb. de Le Tellier.

« Après tout, *non est longè à regno Dei.* » Le cardinal de Retz mourut à Paris, le 24 août 1679. Outre ses mémoires, dont il a été ci-dessus question, il a laissé la « Conjuration de Fiesque, » écrite à l'âge de dix-huit ans, et dont le style ne se sent point de cette adolescence. On ne parle pas ici de divers pamphlets, que les circonstances firent sortir de sa plume, mais dont la postérité ne s'est point occupée.

(6)

C'est pour nous une douce satisfaction de consacrer ici quelques pages à la mémoire de notre ancien supérieur de Séminaire. Les hommes du mérite de M. Verguin ne doivent point être oubliés; et souvent néanmoins le temps emporte jusqu'au souvenir de leurs vertus et de leurs bienfaits; après quelques générations, à peine reste-t-il trace de leur passage sur la terre. Qu'une courte notice sur ce saint prêtre, à qui tant d'ecclésiastiques de ce diocèse ont dû leur éducation cléricale, soit du moins consignée dans cet écrit, dont la destinée sera sans doute fort obscure, mais où nos amis liront avec plaisir des détails qui n'ont point encore été recueillis ailleurs.

M. Simon Verguin naquit en l'année 1752, à Sedan, diocèse de Reims. On sait peu de chose de sa première jeunesse. De très-bonne heure il entra dans la société des prêtres de la Mission, où il se livra à de profondes études sur la théologie. Envoyé, en qualité de professeur de cette science sacrée, au grand Séminaire de Chartres, il s'y fit remarquer entre tous ses confrères, par la netteté de son esprit et la précision de son enseignement. En instruisant les autres, il avait vivement à cœur d'accroître sa propre instruction. Il lisait, il méditait sans cesse, non seulement dans l'intérieur de sa cellule, mais encore durant le cours des récréations et des promenades. Des anciens du sacerdoce, qui avaient été ses disciples, nous ont quelquefois raconté qu'au milieu même du bruit et du tracas causé par une multitude d'ouvriers employés à construire la chapelle de Beaulieu, on le trouvait plongé si avant dans ses doctes rêveries, qu'il ne paraissait rien voir, ni rien entendre, semblable à un homme qui est privé de l'usage de ses sens. Il avait dès lors pour maxime qu'un maître de théologie ne devait s'occuper que de théologie, et il disait que lorsqu'on était honoré d'une fonction si grave et qui a tant d'influence sur l'avenir de la jeunesse cléricale, il fallait se concentrer dans l'unique soin d'agrandir et de perfectionner ses connaissances, pour les communiquer ensuite avec plus d'autorité et de succès.

Les talents de M. Verguin étaient tels qu'il ne pouvait rester longtemps dans un rôle secondaire; on ne tarda pas à le placer à la tête du petit séminaire, dit le séminaire de Saint-Charles. Ce fut dans cette maison que la Révolution vint le surprendre, et que sa foi fut mise à une épreuve délicate. Le serment à la Constitution civile du clergé ayant été, comme on sait, exigé de tous les ecclésiastiques en charge, des défections déplorables se produisirent au sein du diocèse de Chartres, qui eut aussi, il faut le dire, par compensation, ses nobles et courageux martyrs Le supérieur du grand Séminaire, M. Gratien, dont la réputation de savoir et de vertu ne paraissait pas même susceptible de recevoir un échec, tant elle était solidement établie, emporté par son secret penchant au Jansénisme, et, de plus, cédant à une coupable ambition, donna un scandale auquel on était loin de s'attendre, et non content de jurer fidélité aux prescriptions sacrilèges de l'Assemblée nationale et de laisser déshonorer son front par la mitre d'évêque intrus de la Seine-Inférieure, il fit ouvertement du prosélytisme en faveur de la nouvelle cause, et entraîna dans l'erreur, par ses écrits, beaucoup de prêtres qui étaient accoutumés à l'écouter comme un oracle et à le suivre comme un guide sûr et expérimenté. Cet exemple fatal à tant de consciences chancelantes et irrésolues, n'effleura pas même l'âme de M. Verguin, loin de la troubler et de l'ébranler. Quoique jeune encore, ce digne fils de saint Vincent de Paul avait trop de lumières et d'attachement à la saine doctrine, d'une part, et, de l'autre, trop de désintéressement et de piété généreuse, pour succomber à des sophismes, ou pour acheter de méprisables honneurs, aux dépens de son salut éternel Il tourna le dos à son confrère, quand celui-ci l'eut tourné lui-même à la vérité, et il se dévoua, sans la moindre hésitation, à cette vie de sacrifices, d'épreuves et d'horribles dangers, qui fut, à cette époque de triste mémoire, le partage de tous les ministres saints, fidèles à Jésus-Christ et à l'Église, son épouse. Du reste, il ne s'éloigna point du sol de la patrie, et il resta constamment caché en diverses maisons de la ville de Chartres, toujours prêt à risquer ses jours pour les âmes qui réclamèrent son assistance. Lorsque l'oncle de celui qui écrit ces lignes, M. Jacques-Louis Brière, vicaire de Coltainville, et le seul prêtre du diocèse qui ait porté sa tête sur l'échafaud, dans notre cité, eut été condamné à mort, en punition de sa fidélité à la Chaire de saint Pierre, M. Verguin chercha les moyens de se faire ouvrir les portes de son cachot, pour lui prodiguer, avec les consolations de l'amitié, les derniers secours de la religion ; mais n'ayant pu pénétrer jusqu'à lui, il l'attendit sur son passage, lorsqu'il marchait au supplice, et, à un signal convenu, il lui donna, du lieu où il s'était embusqué, une absolution qui n'était sans doute pas rigoureusement nécessaire, puisque l'effusion de son sang devait servir au bienheureux patient, comme de second baptême, « un ami, suivant la parole du Sauveur, ne pouvant offrir à son ami » une marque plus méritoire d'affection, que celle de sacrifier sa vie » pour son amour. »

Au rétablissement du culte, l'abbé Verguin fut nommé par l'évêque de Versailles à la cure de Nogent-le-Roi, l'une des plus belles et des plus agréables de l'ancien diocèse de Chartres. Il resta cinq à six ans dans cette paroisse, et y montra dans sa personne un type accompli du bon pasteur. Il y répandit à pleines mains, la semence de la parole divine ; simple, mais clair, méthodique et solide dans ses discours. Il donnait tout aux pauvres, se réservant à peine le nécessaire, et témoignait à chacun tant d'affabilité et de bienveillance, qu'il gagna, en peu de temps, tous les cœurs. On se rappelle encore M. Verguin à Nogent-le-Roi, et quoique tant d'années se soient écoulées depuis qu'il fut séparé de ce troupeau chéri, les vieillards ont retenu son nom avec la mémoire de ses vertus, et ils transmettent soigneusement l'un et l'autre aux générations qui leur succèdent dans la vie. Ce fut sans doute par un trait particulier de la Providence, que l'abbé Verguin fut appelé à administrer, pendant un certain temps, une importante paroisse. Après tout, il n'avait vécu jusque-là que dans l'enceinte des séminaires, ou au fond de quelque retraite obscure. Destiné au gouvernement, il ne s'était pas assez mêlé aux hommes, il n'avait pas assez appris à les connaître, et s'il possédait à fond la théorie que les livres enseignent, l'expérience, cette maîtresse de la vie, lui manquait, et laissait son mérite, quelque éminent qu'il fût, insuffisant et incomplet. Quand le maniement des esprits eut accompli en lui une certaine transformation, et l'eut rendu propre à de plus grandes choses, Dieu songea à s'en servir selon ses desseins.

Mgr Louis Charrier de la Roche, prélat dont le retour loyal à la foi orthodoxe, le rare savoir et la douceur des mœurs ont fait oublier les erreurs politiques et religieuses de la première partie de sa vie, s'était empressé, dès le commencement de son épiscopat, de jeter les fondements d'un séminaire diocésain. Il en avait confié d'abord la direction à un homme très-distingué à tous égards, M. l'abbé Formentin, mort depuis vicaire-général de Soissons; mais, pour des raisons qui nous sont inconnues, l'intelligence ne s'établit pas entre eux, et le Supérieur donna sa démission, au grand regret de ses coopérateurs et de ses disciples. Pour le remplacer, l'autorité jeta les yeux sur le curé de Nogent-le-Roi, et certes on peut dire que ce choix fut une inspiration du ciel. Secondé par des maîtres tels que MM. Le Tourneur, depuis évêque de Verdun, Jumentier, Chauvel, Loiseau, Toutay, Lecomte et autres, qui successivement lui prêtèrent le concours de leurs talents et de leurs efforts, M. Verguin réalisa toutes les espérances qu'on avait conçues de lui. L'ordre, la discipline régnèrent dans la maison, les études devinrent florissantes, le nombre des élèves s'accrut à tel point, qu'il fallut bientôt écouler le trop plein dans les colléges de Chartres et de Nogent-le-Rotrou, qui servirent d'écoles ecclésiastiques, jusqu'à ce que des petits séminaires fussent plus tard institués. De brillants élèves sortirent du séminaire de Versailles, et sans parler de Mgr Rivet, évêque de Dijon, qui y fit tous ses cours, nous pourrions, si nous ne craignions de blesser les délicatesses de la modestie, citer une foule d'ecclésiastiques encore vivants, qui se sont fait une réputation honorable dans la chaire, les lettres, la théologie, l'administration et le ministère pastoral. Il y en a bien plus encore qui, par la sagesse de leur conduite, l'ardeur de leur dévouement, leur zèle à prêcher la parole sainte, ont ravivé la foi dans le cœur des peuples, et contribué puissamment au salut des âmes, quoique leur carrière ait paru plus obscure et que leurs mérites aient été plus connus de Dieu que des hommes. Il ne faut pas s'étonner que M. Verguin ait obtenu de si beaux et si abondants résultats; il était pourvu au plus haut degré des qualités qui font le parfait Supérieur de séminaire. A une science théologique peu commune, à une piété aussi profonde que simple et sans scrupules, à un esprit juste, droit, clairvoyant, il joignait la bonté la plus paternelle; la bonté était le fond de son âme; elle le portait à aimer tendrement la jeunesse, dont, en revanche, il était tendrement chéri. Un jour, vers la fin de sa vie, ayant reçu de l'un de ses anciens élèves un hommage dont il avait été vivement ému, il disait avec naïveté : « Je ne sais ce que j'ai fait » à ces enfants, mais, mon Dieu, comme ils m'aiment! » Puis, se répondant en quelque sorte à lui-même, il ajoutait : « Il est vrai que, » de mon côté, je les aime aussi beaucoup. » Il avait deviné juste; oui, on l'aimait, parce qu'on se savait aimé de lui, et c'était-là tout le secret de sa puissance sur nos cœurs. De sa part, point de dureté, point de sècheresse, et non plus point de ces mines qui semblent promettre l'affection, et qui ne recèlent que l'indifférence. Il était un peu brusque, il faut l'avouer, ses manières annonçaient une sorte de rudesse, et dans le premier moment, on aurait pu le croire assez sévère; mais on ne s'y méprenait pas, quand on avait tant soit peu vécu avec lui. Ah! qu'on découvrait bientôt sous cette écorce rugueuse, des trésors d'indulgence, de miséricorde et de générosité! Pauvre séminariste, aviez-vous besoin d'une soutane, d'une paire de bas ou de souliers? Il vous faisait signe de le suivre, vous conduisait à sa garde-robe, où il vous revêtait en silence, de ses meilleurs habits; puis, sans vous permettre un mot de gratitude, il vous poussait presque hors de chez lui, comme s'il eût été honteux de quelque mauvaise action dont vous eussiez été témoin. Ou bien, aviez-vous fait une faute, enfreint le réglement, laissé sommeiller un peu vos livres théologiques? Il commençait par vous gronder, d'une voix assez peu aimable, et en roulant des yeux qui paraissaient menaçants; puis s'il s'apercevait que ses paroles vous fissent trop d'impression et excitassent vos larmes, il se hâtait de vous consoler, disant, qu'au fait, vous étiez habituellement sage; que sans doute vous aviez failli sans malice; qu'il espérait mieux de vous, pour l'avenir, etc.; et vous le quittiez, bien sûr qu'il ne gardait aucun mauvais sentiment à votre égard. Alors, ne fût-ce que pour ne pas vous montrer méconnaissant envers un si bon père, vous faisiez dans votre cœur le serment de vous amender et de lui procurer incessamment plus de satisfaction. Quelque touchante que fût cette bonté, il ne faut pas s'imaginer qu'elle allât jusqu'à favoriser la licence. Loin de-là, M. Verguin exigeait que les règles fussent inviolablement observées, et les infracteurs redoutaient infiniment (qui de nous ne s'en souvient?) les vertes corrections qu'il adressait publiquement, le dimanche, à ceux dont les notes de la semaine accusaient la dissipation ou la paresse. Cet homme si doux faisait alors trembler, et je crois que ses réprimandes avaient d'autant plus d'efficacité, qu'on savait bien qu'elles partaient de lèvres qui ne les laissaient échapper qu'à regret. Si l'étourderie, la légèreté, si même le manque d'ardeur pour l'étude, dans un âge peu avancé, trouvaient assez aisément grâce aux yeux de notre cher maître, personne n'était plus inexorable, quand il s'agissait de vices qui indiquent la bassesse de l'âme et la dépravation des mœurs; dans ces derniers cas, il prononçait l'exclusion avec une rigidité inflexible, et contre laquelle les sollicitations et les prières venaient inutilement se briser. Néanmoins, je le sais, on a dit de M. Verguin qu'il était faible, et je conviens que comme on glisse toujours un peu plus ou moins dans l'excès de sa qualité dominante, il a pu, surtout dans sa vieillesse, pencher un peu trop vers l'indulgence et la commisération. Mais, après tout, ne lui faisons pas un trop grand crime de ce défaut, qui est le défaut particulier des belles natures, des âmes nobles, où la sensibilité et la charité surabondent. Le défaut opposé a bien aussi sans doute ses inconvénients, et il amène des conséquences qui ne le rendent nullement recommandable à ceux qui savent comparer et juger. M. Verguin aimait que les jeunes gens fussent ouverts, d'une humeur enjouée, d'un caractère franc; la pétulance et la vivacité ne lui déplaisaient pas trop; s'il nous prêchait la modestie et la gravité cléricale, s'il se déclarait ennemi juré de tout ce qui pouvait, de près ou de loin, je ne dis pas offenser, mais tant soit peu ternir la sainte pudeur; s'il s'opposait de toutes ses forces à ces amitiés suspectes, que la jeunesse contracte trop aisément, au grand préjudice de ses plus chers intérêts, en retour, il ne pouvait souffrir les airs guindés, affectés, moroses; la taciturnité l'inquiétait; il poursuivait le pédantisme. Plein de bonhomie et de rondeur, il ne manquait pas cependant de causticité, et il lançait, de temps en temps, de bons traits au ridicule de la prétention. M. Verguin avait sincèrement à cœur que ses élèves devinssent solidement pieux. Avec quelle énergie et quelle persévérance il nous parlait, chaque soir, à la lecture spirituelle, de la sainteté du sacerdoce, des devoirs multipliés qu'il impose, de l'esprit d'abnégation et de sacrifice entier de soi-même qu'il exige! Quelle horreur il nous inspirait de l'esprit du monde, du goût du plaisir, de l'indolence et de l'amour de ses aises! Comme il nous prémunissait contre la routine, la nonchalance dans l'exercice du saint ministère! Surtout (et c'est-là ce que j'ai le mieux retenu de ses instructions, car c'est ce qu'il nous redisait le plus souvent), surtout comme il nous inculquait la nécessité de deux choses : celle de faire tous les matins l'oraison, et celle de prêcher, à la messe paroissiale, tous les huit jours! Je l'entends encore, ce me semble, apostropher avec une voix qui nous faisait frissonner, les pasteurs négligents à distribuer à leurs ouailles le pain de la parole sainte, et leur appliquer ces mots de l'Écriture : « *Canes* » *muti latrare non valentes.* (*) » « *O pastor, et idolum derelinquens* » *gregem.* (**) »

En même temps qu'il était habile à diriger ses élèves, au point de vue moral et intellectuel, notre vénérable Supérieur se montrait aussi un administrateur temporel fort capable, en ce sens du moins qu'il savait procurer à son établissement les ressources dont il avait besoin pour subsister. Large d'esprit et de cœur, peut-être l'économie n'était-elle pas sa vertu de prédilection; il aimait infiniment à donner aux pauvres, et une multitude de misérables vivaient habituellement aux dépens du Séminaire; il semait plutôt qu'il ne distribuait ses aumônes, il les semait, dis-je, sans trop y regarder, et presque en dépit de la prudence : « *Dispersit dedit pauperibus.* (***) » Mais néanmoins il pourvoyait à toutes les nécessités, entretenant à la fois, dans les différentes

(*) Isaie, ch. LVI, v. 10. — (**) Zach., ch. XI, v. 17. — (***) Ps. CXI, v. 9.

maisons qui dépendaient de lui, plus de deux cents jeunes gens; et cela pendant les années les plus désastreuses, pendant les deux invasions de 1814 et de 1815, pendant la famine qui suivit celle-ci, et lorsque le Gouvernement pouvait à peine servir les quelques modiques pensions qu'il s'était chargé de payer. Évidemment le ciel se plaisait à récompenser la sainte prodigalité de son serviteur; il faisait pour lui une sorte de miracle continuel, sans lequel on ne saurait s'expliquer comment il put suffire si long-temps à des dépenses énormes et sans cesse renouvelées. On l'a vu souvent réduit à une complète détresse, ne sachant plus où trouver le pain quotidien d'une jeunesse dont l'appétit robuste n'était nullement résigné à plier devant les circonstances; mais soudain la Providence lui venait en aide, et il lui arrivait, de divers lieux, et de la part de personnes inconnues, de bonnes sommes, de riches offrandes, qui remettaient ses affaires dans un meilleur état. Les gens de bien avaient en lui une confiance sans bornes; ils le faisaient volontiers le dispensateur de leurs bienfaits. Mais, depuis, la charité a toujours été en déclinant; si ses ruisseaux coulent encore, ils sont singulièrement appauvris.

Mgr Charrier de la Roche, en voyant M. Verguin de plus près, l'apprécia davantage, et, au bout de quelque temps, son estime et son affection pour lui s'accrurent tellement, qu'il l'associa à son administration diocésaine, en lui donnant des lettres de vicaire-général, auxquelles il ajouta un canonicat titulaire. A partir de cette époque, on peut dire qu'il se reposa de tout sur lui. Persuadé qu'il ne trouverait ailleurs ni plus de lumières, ni plus de droiture, ni plus d'expérience, il le consulta dans les affaires les plus délicates, ne fit aucune nomination importante sans sa participation, et spécialement lui abandonna la destinée des jeunes gens qu'il avait élevés dans le séminaire, et dont, après tout, il connaissait mieux que personne les inclinations, les talents et les aptitudes. Ceux-ci, sachant que leur sort dépendait de leur bon supérieur, s'en applaudissaient beaucoup, parce qu'ils savaient très-bien que l'impartialité la plus consciencieuse présidait à tous les choix, et il était bien rare qu'ils trouvassent à redire aux décisions qui avaient été prises par une autorité si douce et si paternelle. M. Verguin, quand les intérêts de la religion ne s'y opposaient pas, plaçait volontiers chacun selon ses petites convenances; il avait éprouvé que cette indulgente disposition produisait des effets salutaires, et que le contentement qui en résultait rendait le travail moins pénible et l'exercice du zèle sacerdotal plus fructueux. Par là, nul ne se croyait exclu de sa bienveillance; tous, au contraire, s'y connaissaient des droits; le plus humble mérite se sentait protégé, aussi bien que le plus éminent, et un concert unanime de gratitude servait de récompense à des vues si intelligentes et à des mesures si remplies de sagesse.

Il y avait une douzaine d'années environ que M. Verguin coulait ainsi à Versailles des jours paisibles et honorés, lorsqu'en 1821, le siége de Chartres, rétabli par le Concordat de 1817, vit enfin se renouer, dans la personne de Mgr Jean-Baptiste-Marie-Anne-Antoine de Latil, cette longue chaîne de pontifes qui l'avaient illustré, depuis les premiers siècles de l'Église. Le nouveau prélat, que des liens, connus de toute la France, unissaient de la façon la plus étroite et la plus tendre au comte d'Artois, frère de Louis XVIII, arriva dans son diocèse, environné d'un cortège d'ecclésiastiques de grande distinction, quoique à divers titres. M. de Breluque, son premier grand vicaire, était un homme consommé dans la science du gouvernement, et, en même temps, un homme d'une vertu qui s'élevait jusqu'à la sainteté; M. l'abbé Pellier de Lacroix, son secrétaire, prêchait avec éloquence; M. Itasse, qui occupa le premier la charge de Secrétaire-Général de l'Évêché, se faisait remarquer par son esprit, la sûreté de son goût et la rectitude de son jugement; M. Toutay, professeur de dogme, donnait ses leçons avec un applaudissement universel, et rappelait par ses brillantes improvisations latines, les beaux jours de la Sorbonne; tout Chartres courait aux sermons de M. Lecomte, et se passionnait aux accents si neufs, si purs et si touchants de cet orateur à peine sorti de l'adolescence. MM. les abbés de Simoni, depuis évêque de Soissons, de Bonald, qui régit aujourd'hui, sous la pourpre romaine, la première Église des Gaules, de Brignac, etc., etc., faisaient leurs premières armes sous un chef qui était en position de récompenser leur zèle, et tous ensemble lui formaient une cour à la fois docte, aimable et polie. Mais à cette réunion de prêtres d'élite, il en manquait un, il manquait M. Verguin, que Mgr de Latil avait résolu d'obtenir à tout prix pour

Supérieur de son Séminaire. Malgré d'immenses regrets, Mgr Charrier de la Roche ne put le refuser à ses instances, soutenues de son crédit tout-puissant; et, de son côté, M. Verguin, en proie d'abord à une hésitation facile à comprendre, sentit enfin l'amour qu'il portait, depuis sa jeunesse, à notre pays de Chartres, prendre le dessus dans son cœur, et nous l'emportâmes, après une lutte très-pénible et très-douloureuse.

Mgr de Latil, en venant parmi nous, était animé des intentions les plus droites et les plus pures. Quelle que soit l'opinion qu'on s'en soit formée, sous le rapport politique, soit qu'on ait partagé ses sentiments, soit qu'on en ait été l'adversaire, cependant, à moins de ne l'avoir pas connu, on sera forcé d'avouer que peu d'âmes ont été plus nobles, plus élevées; que la fidélité dans l'amitié, la dignité des mœurs, une libéralité pour ainsi dire princière, étaient relevées dans sa personne par la piété la plus vraie, l'amour le plus profond pour l'Église, et une vive tendresse pour son clergé. Il avait à cœur le bonheur de celui-ci, et tout ce qu'il put lui procurer d'avantages, en se servant de la faveur dont il jouissait auprès des princes, il le procura de toutes ses forces. Sans lui, sans ses efforts, notre splendide palais épiscopal, l'église de Saint-Aignan, le séminaire de Saint-Charles eussent-ils été rendus à leur destination première? il est assurément permis d'en douter. Aussi tenons-nous pour certain que nul ne trouvera à redire à l'expression de reconnaissance qui jaillit ici de notre plume en l'honneur du pontife qui nous a fait tous ces biens, et des mains duquel, pour notre compte, nous avons reçu l'onction sacerdotale.

Ce fut une sensible joie pour M. Verguin, de rentrer dans les anciens bâtiments qu'il avait jadis occupés. Tout était à faire pour remettre le séminaire sur pied; mais avec un évêque comme Mgr de Latil, les obstacles s'aplanissaient aisément, et l'expérience de l'un, unie à la volonté énergique de l'autre, rendait le succès facile et le réalisait comme par enchantement. Notre école ecclésiastique fut bientôt organisée; bientôt aussi le Chapitre de la Cathédrale s'institua. C'était, il est vrai, une faible image de l'ancien, et on aurait pu, comme à la dédicace du second temple de Jérusalem, verser des pleurs de regret, en même temps qu'on poussait des cris de joie; mais néanmoins notre admirable basilique sembla tressaillir d'allégresse, quand elle vit de nouvelles cérémonies et des fêtes véritablement pompeuses succéder, sous ses antiques voûtes, à un long deuil et à un désolant veuvage. M. Verguin influa beaucoup sur la nomination de MM. les chanoines, nominations où toutes les convenances, tous les titres, ceux du mérite, comme ceux de la possession d'autrefois, furent scrupuleusement reconnus et respectés. Naturellement le Prélat rendit au bon Supérieur la place dont il s'était démis dans le Chapitre de Versailles; il le fit aussi Vicaire-général, agrandissant cette dignité de celle d'Archidiacre de Notre-Dame de Chartres. Non seulement il l'appela à siéger dans son conseil, mais il lui en laissa presque habituellement la présidence. Forcé par ses fonctions de premier Aumônier de Monsieur, et par sa qualité de Pair de France, de faire de fréquents et longs séjours à Paris, il était heureux de remettre ainsi les rênes de l'administration aux mains d'un suppléant, placé si haut dans l'estime publique, et jouissant d'une autorité morale si légitimement acquise. Du reste, il professait pour lui un attachement que j'oserais presque appeler respectueux, une sorte de piété filiale qui allait jusqu'au culte. Jamais il ne venait au séminaire, qu'il ne manifestât avec vivacité ces sentiments si honorables pour tous les deux. C'était un vrai plaisir de voir ce grand Prélat, que chacun savait destiné à la pourpre, et l'objet d'une royale amitié, caresser, en quelque sorte, un vieillard, en apparence si simple, et lui adresser, à tout propos, de ces mots flatteurs où la bienveillance le disputait à la grâce. Ils se promenaient un jour, bras dessus bras dessous, dans la cour, où les jeunes séminaristes prenaient leur récréation; ceux-ci ne tardèrent pas à les entourer, et Mgr de Latil, qui aimait qu'ils l'approchassent ainsi, s'arrêta pour leur parler. « Mes enfants, leur dit-il, vous savez que je ne vous suis pas » très-sévère, et que je vous pardonnerais, dans l'occasion, bien des » fautes; il y en a une toutefois par rapport à laquelle vous me trou- » veriez inexorable; ce serait si vous faisiez de la peine à mon ami » Verguin que voici. » Les jeunes gens se récrièrent : « Qu'ils ne crai- » gnaient point de tomber dans cette faute, et qu'assurément, par cet » endroit, ils ne s'attireraient jamais le courroux épiscopal. »

Après que Mgr de Latil eut été transféré à l'archevêché de Reims,

Mgr Claude-Hippolyte Clausel de Montals, que le ciel envoya vers nous dans sa prédilection, et dont l'épiscopat sera avec celui des Fulbert et des Yves, l'éternelle gloire du siège de Chartres, Mgr Clausel de Montals, à l'exemple de son prédécesseur, environna M. Verguin des témoignages de sa considération et de son attachement; il alla même, croyons-nous savoir, jusqu'à le choisir pour directeur de sa conscience. Mais, au bout de quelque temps, il eut la douleur d'observer que ses facultés intellectuelles fléchissaient sous le poids des années et des travaux, quoique son cœur demeurât toujours aussi chaud, aussi ardent pour ses amis et pour ses élèves, qu'il avait jamais été. Il fallut songer à pourvoir le saint vieillard d'une retraite; mais le Prélat n'hésita pas sur le choix. Il s'empressa d'ouvrir son propre palais au vétéran du sacerdoce, et il regarda comme une bonne fortune de l'abriter sous le toit qui l'abritait lui-même. Ce fut donc à l'Évêché, dans un appartement commode, où l'amitié ingénieuse accumula tout ce qu'elle put imaginer de soins délicats, de prévenances et d'égards, que notre bon père reçut l'hospitalité, et passa dans un calme profond le reste de ses jours, plus pieux, plus adonné à la prière, plus uni à Dieu que jamais, jusqu'à ce que la mort vînt doucement l'enlever de ce séjour d'honneur, pour l'introduire dans le sein de la Divinité, où sa place ne pouvait manquer d'être marquée, puisque : « Bienheureux sont les doux, » car ils possèderont l'héritage céleste. (*) »

Ce fut le 20 février de l'année 1834, à l'âge de quatre-vingt-deux ans, que M. Verguin quitta cette vie terrestre, où il avait fait tant de bien.

Ses nombreux élèves des deux Séminaires de Chartres et de Versailles lui ont fait élever une tombe modeste, mais élégante, sur laquelle on a gravé cette inscription, rédigée par le très-digne M. l'abbé Bonnet, son disciple et son successeur immédiat dans la charge de Supérieur du Grand-Séminaire :

HIC JACET
VIR MISERICORDIÆ
CUJUS PIETATES NON DEFUERUNT.
D. SIMON VERGUIN.

(*) Saint Matth., ch. v, v. 4.

VICARIUS GENERALIS ARCHIDIACONUS CARNOTENSIS,
ECCLESIÆ CARNOTENSIS CANONICUS,
MAJORIS SEMINARII VERSALIENSIS PRIMUM,
DEINDÈ CARNOTENSIS RECTOR EXIMIUS :
CARNUTI OBIIT DIE XXª FEBRUARII
ANNO DOMINI MDCCCXXXIV,
ÆTATIS SUÆ LXXXII.
LAUDENT EUM OPERA EJUS.

HOC MONUMENTUM
UTRIUSQUE DIŒCESIS ALUMNI
MEMORES ET MŒSTI POSUERE.

(7)

Jean du Verger de Hauranne, Abbé de Saint-Cyran, né à Bayonne, en 1581, après avoir terminé, en France, ses cours d'humanités et de philosophie, alla étudier en théologie, à l'Université de Louvain. C'est-là qu'il fit connaissance avec le fameux Jansénius, qu'il emmena à Paris, où ils imaginèrent ensemble le système sur la grâce, qui a fait tant de bruit et tant de mal dans l'Église. Sachant, comme la plupart des hérétiques, cacher ses sentiments sous des apparences de piété, il surprit la bonne foi de Mgr de la Rocheposay, Évêque de Poitiers, qui lui donna d'abord un canonicat dans sa cathédrale, puis lui résigna l'abbaye de Saint-Cyran. Dans la capitale, il en imposa aussi par sa régularité et sa sévérité extérieure, à un grand nombre de personnages importants, et entre autres à saint Vincent de Paul, qui lui accorda son amitié. Mais le Cardinal de Richelieu, qui était clairvoyant, ayant découvert ses intrigues, le fit arrêter et conduire au donjon de Vincennes, où il demeura jusqu'à la mort de ce grand ministre, auquel il survécut fort peu; car étant sorti de prison, il décéda le 11 octobre 1645. Saint-Cyran a beaucoup écrit contre les Jésuites et en faveur de ses propres opinions, mais avec peu de talent, d'une manière diffuse, quoique avec érudition.

Voici en quels termes Mgr Palu, évêque d'Héliopolis, dans une note insérée à la fin du premier volume de la grande histoire de saint Vincent de Paul, par Collet, rend compte de l'opinion que l'Instituteur des Prêtres de la Mission s'était formée sur Saint-Cyran, lui qui l'avait si bien connu, et qui d'ailleurs était si discret et si charitable :

« Étant allé à Saint-Lazare, dit le Prélat, en 1660, rendre visite à » M. Vincent, il me parla fort au long des mauvais sentiments de feu » M. l'abbé de Saint-Cyran. Un jour, me dit-il, qu'il avançait certaines » propositions hérétiques, je lui représentai qu'il entrait dans les sen- » timents de Calvin. Calvin, me répondit-il, a fort bien attaqué l'É- » glise, mais il s'est mal défendu. Cet abbé, continua M. Vincent, n'a- » vait ni estime, ni respect pour le Concile de Trente ; ce n'avait été, » selon lui, qu'une assemblée de religieux. Il m'ajouta que ce qui lui » faisait plus d'horreur, est que cet abbé lui dit, un jour, que, dans » sa méditation, Dieu lui avait fait voir clairement qu'il n'agréait plus » son Église telle qu'elle était, et que ceux qui entreprendraient de » la défendre iraient formellement contre la volonté divine. Enfin, dit » M. Vincent, je vous proteste que vous ne vîtes jamais un homme » aussi superbe, ni aussi attaché à son propre sens. » (Tome Ier, page 574.)

Les Jansénistes ont gardé tant de rancune à saint Vincent, à cause de sa rupture avec Saint-Cyran, qu'ils ne veulent point absolument le reconnaître pour un saint ; ils l'appellent encore aujourd'hui Monsieur Vincent. Ce trait n'est-il pas caractéristique, et en faut-il davantage pour reconnaître l'esprit de coterie ?

(8)

Nous aurions voulu donner une notice sur chacune des femmes généreuses qui aidèrent saint Vincent de Paul dans ses œuvres de charité ; mais il aurait fallu en joindre beaucoup d'autres à celles dont nous avons cité les noms dans ce panégyrique. L'impossibilité de tout dire fait que nous nous bornons à quelques mots sur trois d'entre elles : la duchesse d'Aiguillon, Mme Fouquet et Mme Legras.

Marie-Madeleine de Vignerod, duchesse d'Aiguillon, était fille de René de Vignerod, seigneur de Pont-Courlay, et de Françoise Duplessis, sœur du Cardinal de Richelieu. On ne sait pas précisément la date de sa naissance. Mariée en 1620, à Antoine Roure de Combalet, elle resta veuve sans enfants, et devint dame d'atours de la reine Marie de Médicis, qui ne l'aimait pas et la fit beaucoup souffrir. Son oncle ayant essayé vainement de lui faire épouser le comte de Soissons et ensuite le Cardinal de Lorraine, finit par lui acheter le duché d'Aiguillon, et lui assura ainsi un rang élevé à la Cour. Tant que le Cardinal vécut, elle fut naturellement en très-haute faveur; mais ce qui prouve que son mérite était personnel, c'est qu'après la mort de ce protecteur tout-puissant, elle continua à jouir d'un grand crédit et de la considération générale. Elle se mit, à cette époque, sous la direction de saint Vincent de Paul, et fit, à l'aide d'un si bon guide, de rapides progrès dans la vertu. La qualité dominante de sa piété fut la libéralité envers les malheureux : elle fondait des hôpitaux, elle en dotait d'autres, elle recherchait toutes les infortunes pour les soulager. Elle donna, un jour, deux cents mille livres, pour une seule bonne œuvre que saint Vincent lui avait conseillée, et dont elle espérait de grands résultats en faveur de la religion catholique. On peut remarquer, que dans ce temps de foi, les cœurs n'étaient pas rétrécis, qu'ils étaient à l'unisson de celui du héros de notre panégyrique : on ne se contentait pas de paroles, on en venait énergiquement aux faits. La duchesse d'Aiguillon mourut en 1675, laissant son duché, avec une grande fortune, que la charité n'avait point tarie, à sa nièce Thérèse de Vignerod. Elle eut Fléchier pour panégyriste. Reconnue par ses contemporains pour une femme d'esprit, autant que de vertu, elle a soutenu dignement, en toute manière, le grand nom qu'elle a porté.

Marie, fille de Gilles de Maupeou, contrôleur général des finances, épousa François Fouquet, vicomte de Vaux, et fut mère de Nicolas Fouquet, surintendant des finances, qui, après avoir été porté par la fortune au plus haut degré de la faveur et de l'opulence, tomba dans l'abîme des plus profondes disgrâces. Mme Fouquet était une femme vénérable, modèle de toutes les vertus chrétiennes et surtout de cette charité, que Vincent de Paul allumait dans toutes les âmes dont il avait la conduite. Soumise aux décrets les plus rigoureux de la Providence, et ne considérant les choses d'ici-bas qu'au point de vue de la vie fu ture, elle se précipita à genoux, quand elle apprit que son fils ava été arrêté par les ordres du Roi, et s'écria : « Je puis du moins mai » tenant espérer le salut de mon fils ! » Elle mourut, pleine de jou et de bonnes œuvres, en 1681, à l'âge de quatre-vingt-onze ans.

Louise de Marillac, épouse de Antoine Legras, secrétaire des con mandements de Marie de Médicis, naquit en 1591, de Louis de Marilla frère du Garde des Sceaux et de l'infortuné Maréchal de Marillac. Resté veuve, lorsqu'elle était encore fort jeune, elle renonça à contracter d nouveaux liens, et elle s'adonna entièrement à la piété. Saint Vince de Paul, à qui elle fut adressée par Pierre Camus, évêque de Belle son premier directeur, ne fut pas long-temps à reconnaître son mérit et il l'employa, plus que toute autre de ses pénitentes, dans les diverse bonnes œuvres que son zèle lui faisait entreprendre. C'est ainsi qu'ell se trouva peu-à-peu à la tête de la célèbre Congrégation des Filles d la Charité, qu'elle fonda avec le concours de ce grand serviteur d Dieu. Ses biens, qui étaient considérables, ses talents, ses forces fu rent dévoués à l'établissement et à l'extension de cet admirable Institut dont alors cependant on ne prévoyait pas encore toute la destiné Quand Mme Legras contemple maintenant, du haut du ciel, ces millie de vierges, qui fidèles, comme le premier jour, à l'esprit de saint Vi cent de Paul et au sien, édifient les deux hémisphères par les exem ples de leurs vertus, en même temps qu'elles y sèchent les larmes d tout ce qui souffre, quelle doit être sa joie, et combien elle doit s'ap plaudir de s'être montrée fidèle à la grâce de sa vocation !

Consumée de travaux et comblée de mérites, cette sainte femm mourut à Paris, le 15 mars 1662.

FIN.

www.ingramcontent.com/pod-product-compliance
Lightning Source LLC
LaVergne TN
LVHW020352230826
846091LV00003B/1070

* 9 7 8 2 0 1 2 8 5 0 8 9 7 *